JN113165

は じ め に

　2021年に改正された育児・介護休業法が2022年4月、10月、2023年4月と順次施行されてまいりました。皆さまにおかれましては、それらに伴う就業規則や労使協定の見直し、雇用環境の整備等々も一段落し、目下改正法に基づく育児休業がスタートされていることと思います。

　ご対応は順調でしょうか？

　ご存知の通り育児・介護休業法は改正が頻繁にあり、それに伴い関係する法令なども改正されることから、広範囲に色々なことに気を配らなければなりません。情報はたくさんありますが、「情報がありすぎてかえって混乱してしまう」「用語が難しい」といったお声をよく耳にします。

　本書は、従業員さまのご懐妊の報告に人事ご担当者さまが臆せずご対応できることを目指し、シンプルなテキストとして携えていただきたいという思いで発行に至りました。

　まずは「なんとなく」からでも、流れを掴んでいただけましたら幸いです。

　発行にあたり株式会社労働新聞社の伊藤正和様をはじめ、関わってくださった皆さまに御礼申し上げます。ありがとうございました。

2023年12月

スパローコンサルティング社労士事務所
特定社会保険労務士　高山 和枝

解説のお手伝いに参上するのは…
スパローコンサルティング社労士事務所
マスコットキャラクターの**ちゅん吉**です。
よろしくお願いいたします！

ちゅん吉イラスト：いなむ

目　次

本書の内容は、2023 年 11 月末現在のものとなっています。

【妊娠・出差・育児期の両立支援制度】

妊娠	← 産前6週間 →	出産（予定）日	← 産後8週間 →

軽易業務への転換

時間外・休日労働・深夜業の制限

坑内・危険有害業務の制限

産前休業 / 産後休業

母性健康管理措置

育児休業

出生時育児休業

所定労働時間の短縮措置等

所定外労働の制限

子の看護休暇

時間外労働・深夜業の制限

1歳　　　1歳6カ月　　　2歳　　　3歳　　　小学校入学

育児時間

時間外・休日労働・深夜業の制限

坑内・危険有害業務の制限

延長　　　再延長

5

00 基本となる法律は３つ！ 妊娠・出産・育児期の両立支援制度

出産・育児の制度は様々な法律に基づく制度が絡み合って成り立っています。
基本となる次の３つ法律をおさえましょう。

「労働基準法」

労働条件に関する最低基準を定めている法律です。母性保護に関しては、「産前・産後休業」「妊産婦等の危険有害業務の就業制限」「育児時間」等について規定されています。

「雇用の分野における男女の均等な機会及び待遇の確保等に関する法律」

雇用の分野における男女の均等な機会および待遇の確保を図るとともに、女性労働者の就業に関して妊娠中および出産後の健康の確保を図る等の措置を推進することを目的としています。

「男女雇用機会均等法」「均等法」と略されることが多いです。本書では「男女雇用機会均等法」と略称記載します。

「保健指導又は健康診査を受けるための時間の確保」「妊娠・出産等を理由とする不利益取扱いの禁止」等の母性健康管理措置について規定されています。

「育児休業、介護休業等育児又は家族介護を行う労働者の福祉に関する法律」

「育児・介護休業法」と略されることが多いです。本書でもそのように略称記載します。

労働者が育児や介護をしながら働き続けることができるよう制定された法律です。本書では育児休業をはじめとした育児関連の規定（制度）にフォーカスしていきます。

01　労働者から妊娠の相談をされたら

　労働者が本人または配偶者の妊娠・出産を申し出た場合、会社は育児休業制度等について個別に周知し、休業取得意向を確認しなければなりません（育児・介護休業法第21条）。

　個別周知および休業取得意向の確認は、面談（対面と同程度の質が確保されるのであればオンラインも可）または書面交付（情報を出力し書面作成が可能であれば電子メール等も可）の方法により行わなければなりません。

　必ず個別周知しなければいけない事項は以下の4つです。
① 育児休業・出生時育児休業に関する制度
② 育児休業・出生時育児休業の申出先
③ 育児休業給付に関すること
④ 労働者が育児休業・出生時育児休業期間に負担すべき社会保険料の取扱い

　法律で定められている制度・給付のほかに会社独自のもの（上乗せ等）がある場合は忘れずに説明しましょう。

　取得意向には取得予定の有無のほか、「取得するかわからない」というものも含まれます。

　なお、育児休業と出生時育児休業の申出が円滑に行われるよう、会社は以下のいずれかの措置を講じなければなりません（育児・介護休業法第22条）。
① 育児休業・出生時育児休業に関する研修の実施
② 育児休業・出生時育児休業に関する相談体制の整備（相談窓口の設置）
③ 自社の労働者の育児休業・出生時育児休業取得事例の収集・提供
④ 自社の労働者に対する育児休業・出生時育児休業制度と育児休業取得促進に関する
　 方針の周知

日頃から、労働者が利用できる制度などについて、社内イントラネットに掲示したり、説明資料を渡すなどして周知しておきましょう。

　厚生労働省のホームページにも参考様式（個別周知・意向確認書記載例）が載っていますので、参考にしてみてください。
　　　https://www.mhlw.go.jp/stf/seisakunitsuite/bunya/000103533.html

男性の育休に取り組む社内研修資料（育メンプロジェクト）
　　　https://ikumen-project.mhlw.go.jp/company/training/

仕事と育児の両立を進めよう！

育児休業は、原則1歳になるまで取得できる制度です。夫婦で協力して育児をするため積極的に取得しましょう。

【男性が育児休業を取得するメリット】

●夫のメリット・・・子どもと一緒に過ごす時間の確保、育児・家事スキルの向上、これまでの業務の進め方を見直すきっかけ、時間管理能力・効率的な働き方が身につく

●妻のメリット・・・育児不安やストレス軽減、就労継続・昇進意欲・社会復帰への意欲の維持

●職場のメリット・・・仕事の進め方・働き方を見直すきっかけ、職場の結束が強まり「お互い様」でサポートしあう関係が構築（育児休業だけでなく、病気による入院や介護休業等で不在になる可能性も）、雇用環境の改善による離職率の低下・応募者の増加

1．育児休業（育休）は性別を問わず取得できます。

対象者	労働者。※配偶者が専業主婦（夫）でも取得できます。夫婦同時に取得できます。 有期契約労働者の方は、申出時点で、子が1歳6か月を経過する日までに労働契約期間が満了し、更新されないことが明らかでない場合取得できます。 ＜対象外＞（対象外の労働者を労使協定で締結している場合の例） ①入社1年未満の労働者　②申出の日から1年以内（1歳6か月又は2歳までの育児休業の場合は6か月以内）に雇用関係が終了する労働者　③1週間の所定労働日数が2日以下の労働者
期間	原則、子が1歳に達する日（1歳の誕生日の前日）までの間の労働者が希望する期間。なお、配偶者が育児休業をしている場合は、子が1歳2か月に達するまで出産日と産後休業期間と育児休業期間と出生時育児休業を合計して1年間以内の休業が可能（パパ・ママ育休プラス）。 保育所等に入所できない等の理由がある場合は最長子が2歳に達する日（2歳の誕生日の前日）まで延長可能。
申出期限	原則休業の1か月前までに●●部□□係に申し出てください。
分割取得	令和4年10月以降分割して2回取得可能

2．出生時育児休業(産後パパ育休)は男性の育児休業取得を促進する制度です。（令和4年10月1日スタート）

対象者	男性労働者。なお、養子の場合等は女性も取得できます。※配偶者が専業主婦（夫）でも取得できます。 有期契約労働者の方は、申出時点で、出生後8週間を経過する日の翌日から起算して6か月を経過する日までに労働契約期間が満了し、更新されないことが明らかでない場合取得できます。 ＜対象外＞（対象外の労働者を労使協定で締結している場合の例） ①入社1年未満の労働者　②申出の日から8週間以内に雇用関係が終了する労働者 ③1週間の所定労働日数が2日以下の労働者
期間	子の出生後8週間以内に4週間までの間の労働者が希望する期間。
申出期限	（2週間前とする場合の記載例）原則休業の2週間前までに●●部□□係に申し出てください。 （労使協定を締結し、1か月前とする場合の記載例）原則休業の1か月前までに●●部□□係に申し出てください。※当社では、育児・介護休業法で義務づけられている内容を上回る措置の実施（①研修の実施、②相談窓口の設置）等を労使協定で締結し、申出期限を1か月前までとしています。
分割取得	分割して2回取得可能（まとめて申し出ることが必要）
休業中の就業（※）	調整等が必要ですので、希望する場合、まずは●●部□□係にご相談ください。

（※）休業中の就業について労使協定を締結していない場合記載は不要です。

~知っておこう産後の気分の不調~

出産後多くの方は、気分の落ち込みなどの抑うつ気分をはじめとするいわゆる「マタニティ・ブルーズ」を経験します。一過性のことがほとんどですが、2週間以上続く場合は「産後うつ病」である可能性があるため、早めに医療機関や市町村窓口へ相談してください。

出産後は周囲のサポートが重要です。育児休業を有効に活用しましょう。

育児休業、出生時育児休業には、給付の支給や社会保険料免除があります。

育児休業給付

　育児休業（出生時育児休業を含む）を取得し、受給資格を満たしていれば、原則として休業開始時の賃金の67％（180日経過後は50％）の育児休業給付を受けることができます。

育児休業期間中の社会保険料の免除

　一定の要件（その月の末日が育児休業（出生時育児休業を含む、以下同じ）期間中である場合（令和4年10月以降はこれに加えてその月中に14日以上育児休業を取得した場合、賞与に係る保険料については1か月を超える育児休業を取得した場合））を満たしていれば、育児休業をしている間の社会保険料が被保険者本人負担分及び事業主負担分ともに免除されます。

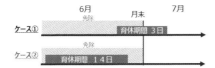

育児休業、出生時育児休業以外の両立支援制度も積極的にご利用ください！
社長からのメッセージ「□□□□□□□□□□□□□□□□□□□□□□□」
〜我が社の目標〜
　　　男性の育児休業・出生時育児休業取得率●●％以上、平均●か月以上
　　　女性の育児休業取得率●●％以上

育児短時間勤務制度 (注)	3歳に満たない子を養育する場合、1日の所定労働時間を6時間に短縮することができる制度
所定外労働の制限	3歳に満たない子を養育する場合、所定外労働を制限することを請求できる制度
時間外労働の制限	小学校就学前の子を養育する場合、時間外労働を1月24時間、1年150時間以内に制限することを請求できる制度
深夜業の制限	小学校就学前の子を養育する場合、午後10時から午前5時の深夜業を制限することを請求できる制度
子の看護休暇	小学校就学前の子を養育する場合、1年に5日（子が2人の場合は10日）まで、病気・けがをした子の看護又は子に予防接種・健康診断を受けさせるための休暇制度（時間単位の休暇も可）。

（注）一部又は全部の労働者について、「業務の性質又は業務の実施体制に照らして、所定労働時間の短縮措置を講ずることが困難と認められる業務に従事する労働者」として労使協定により適用除外としている場合、代替措置を記載してください。

**　当社では、育児休業等の申出をしたこと又は取得したことを理由として不利益な取扱いをすることはありません。**
**　また、妊娠・出産、育児休業等に関するハラスメント行為を許しません。**

育児休業・出生時育児休業の取得の意向について、以下を記載し、このページのコピーを、　　年　月　日までに、●●部□□係へ提出してください。

該当するものに○	
	育児休業を取得する。
	出生時育児休業を取得する。
	取得する意向はない。
	検討中

（注）男性については、育児休業も出生時育児休業も取得することができます。

　　　　　　　　　　【提出日】　　●年●月●日
　　　　　　　　　　【提出者】　所属　□□部△△課
　　　　　　　　　　　　　　　　氏名　◆◆　◆◆

02　妊娠中の就業（母性保護）について

02-1. 男女雇用機会均等法による母性保護

（1）妊婦健康診査等

　会社は、女性労働者が妊産婦（妊娠中および産後1年を経過しない女性。以降同様。）のための保健指導または健康診査を受診するために必要な時間を確保することができるようにしなければなりません（男女雇用機会均等法第12条）。

　保健指導または健康診査とは、妊産婦本人を対象に行われる産科に関する診察や諸検査と、その結果に基づいて行われる個人を対象とした保健指導のことです（以下「健康診査等」といいます。）。

　女性労働者から申出があった場合には、勤務時間の中で健康診査等を受けるために必要な時間を与えなければなりませんが、有給か無給かは会社の規定によります。

◇**受診のために確保しなければならない回数**◇

　※医師等（医師または助産師）が以下と異なる指示をしたときは、その指示に従って、
　　必要な時間を確保することができるようにしなければなりません。

＜妊娠中＞

妊娠週数	確保しなければならない受診回数
0週〜23週まで	4週間に1回
24週〜35週まで	2週間に1回
36週〜出産まで	1週間に1回

＜産後（出産後1年以内）＞

　医師等の指示に従って必要な時間を確保します。

※回数の数え方

　「1回」とは、健康診査とその健康診査に基づく保健指導をあわせたものです。通常、健康診査と保健指導は同一の日に引き続き行われますが、医療機関等によっては健康診査に基づく保健指導を別の日に実施することもあります。この場合には、両方で1回とみなします。

　「期間」は、原則として、受診日の翌日から数えて、その週数目の受診日と同じ曜日までです。

（2）母性健康管理指導事項連絡カード（母健連絡カード）

　妊娠中および出産後の女性労働者が健康診査等を受け、医師等から指導を受けた場合は、その女性労働者が指導を守ることができるようにするため、会社は勤務の軽減等の適切な措置を講じなければなりません（男女雇用機会均等法第13条）。

　医師等から受けた指導事項の内容を会社に的確に伝えることができるようにするためのツールが「母性健康管理指導事項連絡カード（母健連絡カード）」です。

　医師等から指導を受けた場合に、医師等に母健連絡カードに必要な事項を記入してもらい、女性労働者が会社に提出、措置を申し出るという流れになります。

　母健連絡カードはほとんどの母子手帳に掲載されていますが、下記ホームページより、次ページの様式をダウンロードすることもできます。

　働く女性の心とからだの応援サイト＞妊娠出産・母性健康管理サポート＞母健連絡カードについて

　　https://www.bosei-navi.mhlw.go.jp/renraku_card/

母性健康管理指導事項連絡カード

年　　月　　日

事業主　殿

医療機関等名 ------------------------------

医師等氏名 ------------------------------

下記の1の者は、健康診査及び保健指導の結果、下記2〜4の措置を講ずることが必要であると認めます。

記

1. 氏名　等

氏名		妊娠週数		週	分娩予定日	年　　月　　日

2. 指導事項

症状等（該当する症状等を○で囲んでください。）

措置が必要となる症状等
つわり、妊娠悪阻（おそ）、貧血、めまい・立ちくらみ、
腹部緊満感、子宮収縮、腹痛、性器出血、
腰痛、痔、静脈瘤、浮腫、手や手首の痛み、
頻尿、排尿時痛、残尿感、全身倦怠感、動悸、
頭痛、血圧の上昇、蛋白尿（たん）、妊娠糖尿病、
赤ちゃん（胎児）が週数に比べ小さい、
多胎妊娠（　　　胎）、産後体調が悪い、
妊娠中・産後の不安・不眠・落ち着かないなど、
合併症等（　　　　　　　　　　　　　　）

指導事項（該当する指導事項欄に○を付けてください。）

標準措置		指導事項
休業	入院加療	
	自宅療養	
勤務時間の短縮		
作業の制限	身体的負担の大きい作業（注）	
	長時間の立作業	
	同一姿勢を強制される作業	
	腰に負担のかかる作業	
	寒い場所での作業	
	長時間作業場を離れることのできない作業	
	ストレス・緊張を多く感じる作業	

（注）　「身体的負担の大きい作業」のうち、特定の作業について制限の必要がある場合には、指導事項欄に○を付けた上で、具体的な作業を○で囲んでください。

標準措置に関する具体的内容、標準措置以外の必要な措置等の特記事項

3. 上記2の措置が必要な期間
（当面の予定期間に○を付けてください。）

1週間（　　月　　日〜　　月　　日）	
2週間（　　月　　日〜　　月　　日）	
4週間（　　月　　日〜　　月　　日）	
その他（　　月　　日〜　　月　　日）	

4. その他の指導事項
（措置が必要である場合は○を付けてください。）

妊娠中の通勤緩和の措置（在宅勤務を含む。）	
妊娠中の休憩に関する措置	

指導事項を守るための措置申請書

年　　月　　日

上記のとおり、医師等の指導事項に基づく措置を申請します。

所属 ------------------------------

氏名 ------------------------------

事業主　殿

1

この様式の「母性健康管理指導事項連絡カード」の欄には医師等が、また、「指導事項を守るための措置申請書」の欄には女性労働者が記入してください。

(参考)症状等に対して考えられる措置の例

症状名等	措置の例
つわり、妊娠悪阻	休業(入院加療)、勤務時間の短縮、身体的負担の大きい作業(長時間作業場を離れることのできない作業)の制限、においがきつい・換気が悪い・高温多湿などのつわり症状を増悪させる環境における作業の制限、通勤緩和、休憩の配慮　など
貧血、めまい・立ちくらみ	勤務時間の短縮、身体的負担の大きい作業(高所や不安定な足場での作業)の制限、ストレス・緊張を多く感じる作業の制限、通勤緩和、休憩の配慮　など
腹部緊満感、子宮収縮	休業(入院加療・自宅療養)、勤務時間の短縮、身体的負担の大きい作業(長時間の立作業、同一姿勢を強制される作業、長時間作業場所を離れることのできない作業)の制限、通勤緩和、休憩の配慮　など
腹痛	休業(入院加療)、疾患名に応じた主治医等からの具体的な措置　など
性器出血	休業(入院加療)、疾患名に応じた主治医等からの具体的な措置　など
腰痛	休業(自宅療養)、身体的に負担の大きい作業(長時間の立作業、同一姿勢を強制される作業、腰に負担のかかる作業)の制限　など
痔	身体的負担の大きい作業(長時間の立作業、同一姿勢を強制される作業)の制限、休憩の配慮　など
静脈瘤	勤務時間の短縮、身体的負担の大きい作業(長時間の立作業、同一姿勢を強制される作業)の制限、休憩の配慮　など
浮腫	勤務時間の短縮、身体的負担の大きい作業(長時間の立作業、同一姿勢を強制される作業)の制限、休憩の配慮　など
手や手首の痛み	身体的負担の大きい作業(同一姿勢を強制される作業)の制限、休憩の配慮　など
頻尿、排尿時痛、残尿感	休業(入院加療・自宅療養)、身体的負担の大きい作業(寒い場所での作業、長時間作業場を離れることのできない作業)の制限、休憩の配慮　など
全身倦怠感	休業(入院加療・自宅療養)、勤務時間の短縮、身体的負担の大きい作業の制限、休憩の配慮、疾患名に応じた主治医等からの具体的な措置　など
動悸	休業(入院加療・自宅療養)、身体的負担の大きい作業の制限、疾患名に応じた主治医等からの具体的な措置　など
頭痛	休業(入院加療・自宅療養)、身体的負担の大きい作業の制限、疾患名に応じた主治医等からの具体的な措置　など
血圧の上昇	休業(入院加療・自宅療養)、勤務時間の短縮、身体的負担の大きい作業の制限、ストレス・緊張を多く感じる作業の制限、疾患名に応じた主治医等からの具体的な措置　など
蛋白尿	休業(入院加療・自宅療養)、勤務時間の短縮、身体的負担の大きい作業の制限、ストレス・緊張を多く感じる作業の制限　など
妊娠糖尿病	休業(入院加療・自宅療養)、疾患名に応じた主治医等からの具体的な措置(インスリン治療中等への配慮)　など
赤ちゃん(胎児)が週数に比べ小さい	休業(入院加療・自宅療養)、勤務時間の短縮、身体的負担の大きい作業の制限、ストレス・緊張を多く感じる作業の制限、通勤緩和、休憩の配慮　など
多胎妊娠 (　　　胎)	休業(入院加療・自宅療養)、勤務時間の短縮、身体的負担の大きい作業の制限、ストレス・緊張を多く感じる作業の制限、通勤緩和、休憩の配慮　など
産後体調が悪い	休業(自宅療養)、勤務時間の短縮、身体的負担の大きい作業の制限、ストレス・緊張を多く感じる作業の制限、通勤緩和、休憩の配慮　など
妊娠中・産後の不安・不眠・落ち着かないなど	休業(入院加療・自宅療養)、勤務時間の短縮、ストレス・緊張を多く感じる作業の制限、通勤緩和、休憩の配慮　など
合併症等 (自由記載)	疾患名に応じた主治医等からの具体的な措置、もしくは上記の症状名等から参照できる措置　など

02-2. 労働基準法による母性保護

（1）妊婦の軽易業務への転換

　妊娠中の女性（妊婦）は他の軽易な業務への転換を請求することができます（労働基準法第65条第3項）。

　新たに軽易な業務を創設して与える義務まではありません（通達：昭61.3.20基発第151号、婦発第69号）が、負荷のかかる作業を制限するなど労使で話し合いながら調整していくことが大切です。

（2）妊産婦の坑内業務・危険有害業務の就業制限

　坑内業務の就業については、妊婦はすべて禁止、産婦は申出により就業禁止となります（労働基準法第64条の2）。

　また、労働基準法第64条の3では妊産婦の危険有害業務の就業制限についてが定められています。

　その具体的な業務については女性労働基準規則第2条で定められています。24業務あり、妊婦についてはすべて就業禁止、産婦については申出により就業禁止となるものがあります。ただし、重量物を取り扱う業務、有害物を発散する場所における業務については、妊娠・出産・哺育等に有害であるばかりか女性の妊娠・出産機能に有害であるため、妊産婦はもとより全ての女性労働者の就業が禁止されています。

危険有害業務の就業制限

×…女性を就かせてはならない業務
△…女性が申し出た場合就かせてはならない業務
○…女性を就かせてもさしつかえない業務

女性労働基準規則第2条第1項		妊婦	産婦	その他の女性
1号	重量物を取り扱う業務	×	×	×
2号	ボイラーの取扱いの業務	×	△	○
3号	ボイラーの溶接の業務	×	△	○
4号	つり上げ荷重が5トン以上のクレーン、デリック又は制限荷重が5トン以上の揚貨装置の運転の業務	×	△	○
5号	運転中の原動機又は原動機から中間軸までの動力伝導装置の掃除、給油、検査、修理又はベルトの掛換えの業務	×	△	○
6号	クレーン、デリック又は揚貨装置の玉掛けの業務（2人以上の者によって行う玉掛けの業務における補助作業の業務を除く。）	×	△	○
7号	動力により駆動させる土木建築用機械又は船舶荷扱用機械の運転の業務	×	△	○
8号	直径が25センチメートル以上の丸のこ盤（横切用丸のこ盤及び自動送り装置を有する丸のこ盤を除く。）又はのこ車の直径が75センチメートル以上の帯のこ盤（自動送り装置を有する帯のこ盤を除く。）に木材を送給する業務	×	△	○
9号	操車場の構内における軌道車両の入換え、連結又は解放の業務	×	△	○
10号	蒸気又は圧縮空気により駆動されるプレス機械又は鍛造機械を用いて行う金属加工の業務	×	△	○
11号	動力により駆動されるプレス機械、シャー等を用いて行う厚さ8ミリメートル以上の鋼板加工の業務	×	△	○
12号	岩石又は鉱物の破砕機又は粉砕機に材料を送給する業務	×	△	○
13号	土砂が崩壊するおそれのある場所又は深さが5メートル以上の地穴における業務	×	○	○
14号	高さが5メートル以上の場所で、墜落により労働者が危害を受けるおそれのあるところにおける業務	×	○	○
15号	足場の組立て、解体又は変更の業務（地上又は床上における補助作業の業務を除く。）	×	△	○
16号	胸高直径が35センチメートル以上の立木の伐採の業務	×	△	○
17号	機械集材装置、運材索道等を用いて行う木材の搬出の業務	×	△	○
18号	妊娠・出産・授乳機能に影響のある一定の化学物質を発散する場所における業務	×	×	×
19号	多量の高熱物体を取り扱う業務	×	△	○
20号	著しく暑熱な場所における業務	×	△	○
21号	多量の低温物体を取り扱う業務	×	△	○
22号	著しく寒冷な場所における業務	×	△	○
23号	異常気圧下における業務	×	△	○
24号	さく岩機、鋲打機等身体に著しい振動を与える機械器具を用いて行う業務	×	×	○

（3）時間外、休日労働、深夜業の制限／変形労働時間制の適用制限

　労働基準法では法定労働時間（原則：1日8時間、1週40時間）が定められていますが、「時間外・休日労働に関する協定（36協定）」を労使で締結し労働基準監督署に届け出ることにより、会社は法律の範囲内で法定労働時間を超える就業等を命じることが可能です。しかしながら、妊産婦からの請求があった場合は労働基準法第66条第2項、第3項の定めにより、時間外、法定休日、深夜時間帯（22時～5時）に就業させることはできません。また、変形労働時間制度の対象である妊産婦から請求があった場合は、原則（1日8時間、1週40時間）の労働時間が適用されます（労働基準法第66条第1項）。

03　産前産後休業

03-1. 産前産後休業とは

　妊娠中の女性から休業の請求があった場合は、出産予定日の6週間（多胎妊娠＝双子以上の場合は14週間）前から就業させることができません。これを産前休業といいます。出産日当日は産前休業に含めます。

　出産日の翌日から8週間は産後休業の期間で、本人からの請求がなくても必ず休ませなければいけないとされています。ただし6週間を経過した後は、本人が請求し医師が支障がないと認めた業務には就業が可能です（労働基準法第65条）。

　なお、「出産」とは妊娠4カ月以上の分娩をいい、「生産」だけでなく「死産」や「流産」も含まれています。

　また、産前産後の期間およびその後30日間の解雇は禁止（労働基準法第19条）、妊娠中および産後1年を経過しない女性労働者に対する解雇は原則として無効（男女雇用機会均等法第9条第4項）となります。

03-2. 産前産後休業期間中の社会保険料（申出により免除）

　産前産後休業期間中の社会保険料（健康保険・厚生年金保険の保険料）は、会社から年金事務所・健康保険組合に申出をすることによって免除（本人負担分・会社負担分とも）されます。役員等の使用者であっても要件に該当する被保険者であれば産前産後休業期間中の社会保険料の免除を受けることができます。

　社会保険料の免除を受けても健康保険の給付は免除前と同様に受けることができ、また、年金についても免除された期間分も将来受け取る年金額に反映される仕組みになっています。

　「産前産後休業取得者申出書／変更（終了）届」を産前産後休業期間中に年金事務所・

協会けんぽまたは健康保険組合（以下「健康保険組合等」といいます。）に提出します。

　保険料が免除となるのは産前産後休業開始日の属する月分から、終了日翌日の属する月の前月分までとなります。

　出産とは、妊娠85日（4カ月）以上の分娩をいい、早産、死産、流産、人工妊娠中絶を含みます。

　産前産後休業による保険料免除の期間内に支払われた賞与等は、保険料は徴収されませんが標準賞与額として決定され、将来の年金額の計算等にもこの標準賞与額が用いられるとともに、健康保険の年度累計額に算入されます。

産前産後休業期間中の保険料免除（日本年金機構ホームページ）

https://www.nenkin.go.jp/service/kounen/hokenryo/menjo/sankyu-menjo/index.html

産前産後休業取得者申出書の記載例

※出産後に提出する場合

様式コード	
2	2	7	3

健康保険
厚生年金保険

**産前産後休業取得者
申出書/変更(終了)届**

令和 **5** 年 **6** 月 **15**日提出

| | 事業所
整理記号 | | 0 0 ― ス ユ ヒ |
|---|---|---|---|

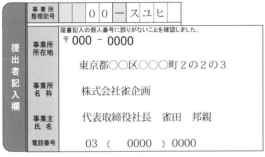

		届書記入の個人番号に誤りがないことを確認しました。
提出者記入欄	事業所
所在地	〒 000 - 0000
東京都○○区○○○町2の2の3
	事業所
名 称	株式会社雀企画
	事業主
氏 名	代表取締役社長 雀田 邦親
	電話番号	03 (0000) 0000

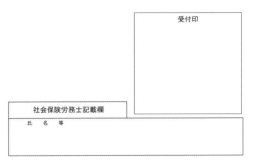

受付印

社会保険労務士記載欄	
氏 名 等	

新規申出の場合は共通記載欄に必要項目を記入してください。

変更・終了の場合は、共通記載欄に産前産後休業取得時に提出いただいた内容を記入のうえ、A変更・B.終了の必要項目を記入してください。

| | ① 被保険者
整理番号 | **52** | | | ② 個人番号
[基礎年金番号] | × | × | × | × | × | × | × | × | × | × |
|---|---|---|---|---|---|---|---|---|---|---|---|---|---|---|---|

共通記載欄(取得申出)

| ③ 被保険者
氏 名 | (フリガナ) スズメ
(氏) **雀** | (名) タカコ
鷹子 | ④ 被保険者
生年月日 | 5.昭和
7.平成
9.令和 | 年 **0 5** 月 **0 9** 日 **2 0** |
|---|---|---|---|---|---|

| ⑤ 出産予定
年月日 | 9.令和 年 **0 5** 月 **0 6** 日 **0 2** | ⑥ 出産種別 | **0.** 単胎 1.多胎 | ※出産予定の子の人数が
2人(双子)以上の場合に
「1.多胎」を○で囲んでください。 |
|---|---|---|---|---|

| ⑦ 産前産後休業
開始年月日 | 9.令和 年 **0 5** 月 **0 4** 日 **2 2** | ⑧ 産前産後休業
終了予定年月日 | 9.令和 年 **0 5** 月 **0 7** 日 **2 8** |
|---|---|---|---|

⑨は、この申出書を出産後に提出する場合のみ記入してください。

⑨ 出産年月日	9.令和 年 **0 5** 月 **0 6** 日 **0 2**	

⑩ 備考	

出産(予定)日・産前産後休業終了(予定)日を変更する場合 ※必ず共通記載欄も記入してください。

A.変更

| ⑪ 変更後の
出産(予定)
年月日 | 9.令和 年 月 日 | ⑫ 変更後の出産種別 | 0. 単胎 1.多胎 | ※出産予定の子の人数が
2人(双子)以上の場合に
「1.多胎」を○で囲んでください。 |
|---|---|---|---|---|

| ⑬ 産前産後休業
開始年月日 | 9.令和 年 月 日 | ⑭ 産前産後休業
終了予定年月日 | 9.令和 年 月 日 |
|---|---|---|---|

予定より早く産前産後休業を終了した場合 ※必ず共通記載欄も記入してください。

B.終了

| ⑮ 産前産後休業
終了年月日	9.令和 年 月 日

○ 産前産後休業期間とは、出産日以前42日(多胎妊娠の場合は98日)～出産日後56日の間に、
妊娠または出産を理由として労務に従事しない期間のことです。

○ この申出書を出産予定日より前に提出された場合で、実際の出産日が予定日と異なった場合は、
再度『産前産後休業取得者変更届』(当届書の「共通記載欄」と「A.変更」欄に記入)を提出してください。
休業期間の基準日である出産年月日がずれることで、開始・終了年月日が変更になります。

○ 産前産後休業取得申出時に記載した終了予定年月日より早く産休を終了した場合は、
『産前産後休業終了届』(当届書の「共通記載欄」と「B.終了」欄に記入)を提出してください。

○ 保険料が免除となるのは、産前産後休業開始日の属する月分から、終了日翌日の属する月の前月分までとなります。

19

（1）出産育児一時金

　出産は基本的に病気ではないため健康保険の適用対象外となり、出産に伴う入院などの費用は全額被保険者負担となってしまいます。

　出産にかかる費用は医療機関によって異なりますが、厚生労働省の資料（令和5年9月7日第167回社会保障審議会医療保険部会資料「出産費用の見える化等について」出産費用の状況）によれば、令和4年度出産費用（室料差額等を除き直接支払制度専用請求書集計値）の平均値は約47万円と、まとまった額の出費となることがわかります。

　出産に要する費用負担を軽減するため、健康保険の被保険者やその被扶養者が出産したときに出産育児一時金（被扶養者が出産したときには被保険者に対して家族出産育児一時金）を支給することが健康保険法等により定められています。

　対象となるのは妊娠4カ月（85日）以上での出産で、妊娠4カ月を過ぎていれば早産や死産、流産、人工妊娠中絶（経済的理由によるものも含む）も支給対象となります。

　その支給額については、令和5年4月より、42万円から50万円（産科医療補償制度の対象とならない出産の場合は48.8万円）に引き上げられました。なお、多胎児を出産した場合には、出産された胎児数分だけ支給されます。

産科医療補償制度とは？

　　　産科医不足の改善や産科医療提供体制の確保を背景に、より安心して産科医療を受けられる環境整備の一環として平成21年に創設されました。

　分娩に関連して発症した重度脳性麻痺児とその家族の経済的負担を速やかに補償し、再発防止をしつつ産科医療の質の向上を図ることを目的としています。

　この制度に加入している分娩機関でお産をすると、万が一のときに補償の対象となります。

　運営は公益財団法人日本医療機能評価機構が行っており、ホームページから制度に加入している病院等の検索も可能です。

［直接支払制度等について］

　出産後に医療機関の窓口に費用を支払い、その後出産育児一時金の申請を行う場合、予めまとまった金額を用意しなければなりませんし、申請後振り込まれるまでに時間がかかります。直接支払制度や受取代理制度を利用できる病院であれば、出産育児一時金との差

額のみの支払いで済むため、一時的な負担を軽減することができますので、現在はこちらのほうが普及しています。

直接支払制度とは？

　　出産育児一時金の額を上限として、健康保険組合等から支払機関を通じて医療機関へ出産費用を支払う制度です。

受取代理制度とは？

　　医療機関が被保険者に代わって出産育児一時金の受取代理人となります。厚生労働省へ届出を行った一部の小規模医療機関に限られており、この制度を利用するには健康保険組合等への事前申請が必要となります。

（2）出産手当金

　被保険者が出産のため会社を休み、その間に給与の支払いを受けなかった場合は、出産の日（実際の出産が予定日後のときは出産予定日）以前42日（多胎妊娠の場合98日）目から出産の翌日以後56日目までの範囲内で、会社を休んだ期間を対象として出産手当金が支給されます。被保険者や家族の生活を保障し、安心して出産前後の休養ができるようにするために設けられている制度です。

　出産日は出産の日以前の期間に含まれます。また、出産が予定日より遅れた場合、その遅れた期間についても出産手当金が支給されます。

　出産手当金の日額は、支給開始日（出産手当金が最初に支給された日）以前12カ月の標準報酬月額の平均額を30で割った額の3分の2の金額です。支給開始日以前の期間が12カ月に満たないときは計算方法が異なりますので健康保険組合等に確認してください。

　申請は「出産手当金支給申請書」を健康保険組合等に提出します。申請は産後に行うことが多いですが、産前産後に分けて行っても構いません。

　協会けんぽ（全国健康保険協会）では、令和5年1月より出産手当金支給申請書の様式が新しくなりました。3枚目の事業主証明欄ですが、出勤した日のみマルをつける形になっています。また、賃金等の支給状況についても、出勤していない日に支給した金額のみを記載する形になっています。

協会けんぽ　出産手当金支給申請書の記載例

健康保険 出産手当金 支給申請書

被保険者記入用

被保険者本人が出産のため会社を休み、その間の給与の支払いを受けられない場合の生活保障として、給付金を受ける場合にご使用ください。なお、記入方法および添付書類等については「記入の手引き」をご確認ください。

この申請書は、令和5年1月以降にご使用ください。

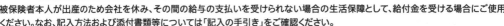

被保険者証	記号（左づめ）	番号（左づめ）	生年月日
	1 1 1 1 1 1 1 1 1 1 1		2 (1.昭和 2.平成 3.令和) 0 5 年 09 月 20 日

氏名（カタカナ）　ススゞメ タカコ
姓と名の間は1マス空けてご記入ください。濁点（゛）、半濁点（゜）は1字としてご記入ください。

氏名　雀 鷹子

※申請者はお勤めされている（いた）被保険者です。
被保険者がお亡くなりになっている場合は、
相続人よりご申請ください。

郵便番号（ハイフン除く）　0 0 0 0 0 0 0
電話番号（左づめハイフン除く）　0 9 0 0 0 0 0 0 0 0 0

住所　東京 ㊞道/府県　〇〇区〇〇町1の2の3 電柱アパート

振込先指定口座

振込先指定口座は、上記申請者氏名と同じ名義の口座をご指定ください。

金融機関名称	雀	㊞銀行 金庫 信組 / 農協 漁協 / その他（　）	支店名	電柱	本店 ㊞支店 / 代理店 出張所 本店営業部 / 本所 支所
預金種別	1 普通預金		口座番号（左づめ）	0 0 0 0 0 0 0	

ゆうちょ銀行の口座へお振り込みを希望される場合、支店名は3桁の漢数字を、口座番号は振込専用の口座番号（7桁）をご記入ください。
ゆうちょ銀行口座番号（記号・番号）ではお振込できません。

「被保険者・医師・助産師記入用」は2ページ目に続きます。≫≫≫

被保険者証の記号番号が不明の場合は、被保険者のマイナンバーをご記入ください。▶ _____
（記入した場合は、本人確認書類等の添付が必要となります。）

社会保険労務士の提出代行者名記入欄

━━ 以下は、協会使用欄のため、記入しないでください。 ━━

MN確認（被保険者）	□	1.記入有（添付あり） 2.記入有（添付なし） 3.記入無（添付あり）				受付日付印
添付書類	職歴 □ 1.添付 2.不備	戸籍（法定代理）□ 1.添付	口座証明 □ 1.添付			
6 1 1 1 1 1 0 1		その他 □ 1.その他	（理由）	枚数 □□		

全国健康保険協会　協会けんぽ

（2022.10）

1 / 3

被保険者氏名　雀 鷹子

①	申請期間 （出産のために休んだ期間）	令和 **0 5** 年 **04** 月 **22** 日 から	令和 **0 5** 年 **07** 月 **28** 日	
②	今回の出産手当金の申請は、出産前 の申請ですか、出産後の申請ですか。	**2**	1. 出産前 2. 出産後	

申請内容

③	③−1 出産予定日	令和 **0 5** 年 **06** 月 **02** 日
	③−2 出産年月日 （出産後の申請の場合はご記入ください。）	令和 **0 5** 年 **06** 月 **02** 日
④	④−1 出生児数	**1** 人　　　　　　出産前の申請の場合、予定の出生児数をご記入ください。
	④−2 死産児数	人
⑤	⑤−1 申請期間（出産のために休んだ 期間）に報酬を受けましたか。	**2** 　1. はい　➡ ⑤−2へ 2. いいえ
	⑤−2 受けた報酬は事業主証明欄に記入 されている内容のとおりですか。	1. はい 2. いいえ　➡ 事業主へご確認のうえ、正しい証明を受けてください。

医師・助産師による証明

出産者氏名 （カタカナ）	ス ス ゛ メ 　 タ カ コ 姓と名の間は1マス空けてご記入ください。濁点（゛）、半濁点（゜）は1字としてご記入ください。
出産予定日	令和 **0 5** 年 **0 6** 月 **0 2** 日
出産年月日	令和 **0 5** 年 **0 6** 月 **0 2** 日
出生児数	**1** 人　　　　出産前の申請の場合、予定の出生児数をご記入ください。
死産児数	人
死産の場合の妊娠日数	日

上記のとおり相違ないことを証明します。

医療施設の所在地	東京都○○区△△町2-15-1	令和 **0 5** 年 **0 6** 月 **1 0** 日
医療施設の名称	鳩山病院	
医師・助産師の氏名	鳩山ひばり	
電話番号	03-0000-0000	

「事業主記入用」は3ページ目に続きます。 >>>

6 1 1 2 1 1 0 1

全国健康保険協会
協会けんぽ

健康保険 出産手当金 支給申請書

事業主記入用

労務に服さなかった期間を含む賃金計算期間の勤務状況および賃金支払い状況等をご記入ください。

被保険者氏名 （カタカナ）	ス ス ゛ メ 　 タ カ コ

姓と名の間は1マス空けてご記入ください。濁点（゛）、半濁点（゜）は1字としてご記入ください。

勤務状況　2ページの申請期間のうち、出勤した日付を【〇】で囲んでください。「年」「月」については出勤の有無に関わらずご記入ください。

令和	0 5	年	04	月	① ② ③ ④ ⑤ ⑥ ⑦ ⑧ ⑨ ⑩ ⑪ ⑫ ⑬ ⑭ ⑮ ⑯ ⑰ ⑱ ⑲ ⑳ ㉑ ㉒ ㉓ ㉔ ㉕ ㉖ ㉗ ㉘ ㉙ ㉚ ㉛
令和	0 5	年	05	月	① ② ③ ④ ⑤ ⑥ ⑦ ⑧ ⑨ ⑩ ⑪ ⑫ ⑬ ⑭ ⑮ ⑯ ⑰ ⑱ ⑲ ⑳ ㉑ ㉒ ㉓ ㉔ ㉕ ㉖ ㉗ ㉘ ㉙ ㉚ ㉛
令和	0 5	年	06	月	① ② ③ ④ ⑤ ⑥ ⑦ ⑧ ⑨ ⑩ ⑪ ⑫ ⑬ ⑭ ⑮ ⑯ ⑰ ⑱ ⑲ ⑳ ㉑ ㉒ ㉓ ㉔ ㉕ ㉖ ㉗ ㉘ ㉙ ㉚ ㉛
令和	0 5	年	07	月	① ② ③ ④ ⑤ ⑥ ⑦ ⑧ ⑨ ⑩ ⑪ ⑫ ⑬ ⑭ ⑮ ⑯ ⑰ ⑱ ⑲ ⑳ ㉑ ㉒ ㉓ ㉔ ㉕ ㉖ ㉗ ㉘ ㉙ ㉚ ㉛
令和		年		月	① ② ③ ④ ⑤ ⑥ ⑦ ⑧ ⑨ ⑩ ⑪ ⑫ ⑬ ⑭ ⑮ ⑯ ⑰ ⑱ ⑲ ⑳ ㉑ ㉒ ㉓ ㉔ ㉕ ㉖ ㉗ ㉘ ㉙ ㉚ ㉛

2ページの申請期間のうち、出勤していない日（上記【〇】で囲んだ日以外の日）に対して、報酬等（※）を支給した日がある場合は、支給した日と金額をご記入ください。
※有給休暇の場合の賃金、出勤等の有無に関わらず支給している手当（扶養手当・住宅手当等）、食事・住居等現物支給しているもの等

事業主が証明するところ

例	令和	0 5	年	0 2	月	0 1	日 から	0 5	年	0 2	月	2 8	日	3 0 0 0 0 0	円
①	令和		年		月		日 から		年		月		日		円
②	令和		年		月		日 から		年		月		日		円
③	令和		年		月		日 から		年		月		日		円
④	令和		年		月		日 から		年		月		日		円
⑤	令和		年		月		日 から		年		月		日		円
⑥	令和		年		月		日 から		年		月		日		円
⑦	令和		年		月		日 から		年		月		日		円
⑧	令和		年		月		日 から		年		月		日		円
⑨	令和		年		月		日 から		年		月		日		円
⑩	令和		年		月		日 から		年		月		日		円

上記のとおり相違ないことを証明します。

事業所所在地	東京都　〇〇区〇〇〇町2の2の3	令和 0 5 年 08 月 25 日
事業所名称	株式会社雀企画	
事業主氏名	代表取締役社長　雀田　邦親	
電話番号	0300000000	

6 1 1 3 1 1 0 1

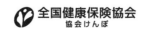

全国健康保険協会
協会けんぽ

(3 / 3)

04 育児休業

04-1. 育児休業とは

　育児休業とは、育児・介護休業法に基づき、子どもを養育するために一定期間、仕事（会社）を休むことができる制度です。会社に規定がなくても労働者は申し出ることができます。

　令和4年10月より、1歳までの育児休業を2回まで分割して取得することができるようになりました。

　また、保育所に入所できない等の場合の1歳以降の育児休業は開始時点が1歳または1歳6カ月時点に限定されていたため途中交代ができませんでしたが、令和4年10月より途中交代が可能となりました。

分割取得・途中交替の例

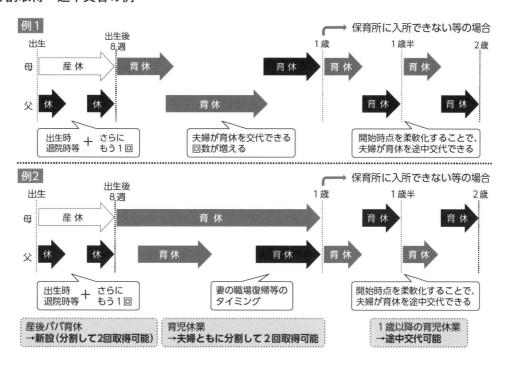

育児・介護休業法　改正ポイントのご案内（厚生労働省パンフレット）より

（1）育児休業制度（育児・介護休業法第5条〜第9条、第9条の6）

　1歳に満たない子を養育する労働者（日雇労働者を除く）は男女を問わず、子どもを養育するために休業することができます。ただし有期雇用労働者の場合は申出時点において「子が1歳6カ月（2歳に達する日まで取得する場合は2歳）に達する日までに労働契約が満了することが明らかでないこと」という要件に該当する必要があります。

　育児休業は1人の子に対して原則2回に分割して取得することができ、配偶者死亡等の特別の事情がある場合は3回目以降の取得も可能です。

　育児休業の申出期限は原則1カ月前までです。

　両親がともに育児休業を取得する場合には、育児休業の対象となる子の年齢について、「原則1歳まで」となるところを「原則1歳2カ月まで」に延長する特例があります（パパ・ママ育休プラス）。

　育児休業をしようとする労働者（本人）の配偶者が子の1歳に達する日（子の1歳の誕生日の前日）以前に育児休業を取得しており、かつ、本人の育児休業開始予定日が配偶者の育児休業の初日以降で子の1歳の誕生日以前であることが要件となります。

　取得できる期間は、出生日（誕生日）以後の産前産後休業期間、出生時育児休業期間を通算して1年間までです。育児休業の期間（日数）が2カ月分増えるのではないことに注意してください。

　また、子が1歳以降、保育所等に入れないなどの一定の要件を満たす場合は、子が1歳6カ月に達する日までの間育児休業を延長することができ、さらにその時点でも保育所等に入れないなどの要件を満たせば最長で2歳に達する日までの間、育児休業を再延長することができます。1歳以降も育児休業期間を延長する場合の申出期限は原則2週間前までです。

パパ・ママ育休プラスの場合に１歳６カ月までの育児休業をする場合の具体例

※太枠がパパ・ママ育休プラス、色付は１歳６か月までの育児休業

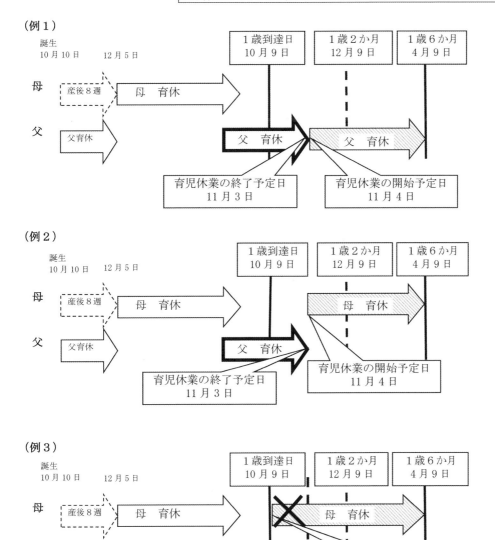

（例１）

（例２）

（例３）

※　パパ・ママ育休プラスを取得している場合は、１歳６か月までの育児休業開始予定日は、
　　１歳に達する日後の本人又は配偶者の育児休業終了予定日の翌日としなければいけません。

（例４）

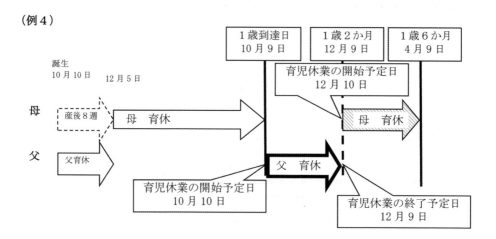

育児・介護休業法のあらまし（厚生労働省パンフレット）より

子の出生日：10月10日

子が１歳に達する日（１歳到達日）：10月9日（通常の休業取得可能期間）

子が１歳に達する日の翌日：10月10日

子が１歳２カ月に達する日：12月9日

子が１歳６カ月に達する日：4月9日

　労働者から育児休業（または後述の出生時育児休業）の申出があったら、「（出生時）育児休業申出書」を会社に提出してもらいます。会社は「育児休業取扱通知書」で申出を受けたことを労働者に通知します。

（出生時）育児休業申出書

株式会社雀企画
代表取締役社長　　雀田　邦親　　殿

　　　　　　　　　　　　　　　　　［申出日］令和5年6月20日
　　　　　　　　　　　　　　　　　［申出者］所属　広報部第一G
　　　　　　　　　　　　　　　　　　　　　　氏名　雀　鷹子

私は、育児・介護休業等に関する規則（第3条及び第7条）に基づき、下記のとおり（出生時）育児休業の申出をします。

記

1　休業に係る子の状況	(1) 氏名	雀　雛子	
	(2) 生年月日	令和5年6月2日	
	(3) 本人との続柄	長女	
	(4) 養子の場合、縁組成立の年月日	年　　　月　　　　日	
	(5) (1)の子が、特別養子縁組の監護期間中の子・養子縁組里親に委託されている子・養育里親として委託された子の場合、その手続きが完了した年月日	年　　　月　　　　日	
2　1の子が生まれていない場合の出産予定者の状況	(1) 氏名 (2) 出産予定日 (3) 本人との続柄		
3　出生時育児休業			
3-1　休業の期間	年　　月　　日から　　年　　月　　日まで （職場復帰予定日　　　　年　　月　　日） ※出生時育児休業を2回に分割取得する場合は、1回目と2回目を一括で申し出ること 　　　年　　月　　日から　　年　　月　　日まで （職場復帰予定日　　　　年　　月　　日）		
3-2　申出に係る状況	(1) 休業開始予定日の2週間前に申し出て	いる・いない→申出が遅れた理由 〔　　　　　　　　　　　　　〕	
	(2) 1の子について出生時育児休業をしたことが（休業予定含む）	ない・ある（　　回）	
	(3) 1の子について出生時育児休業の申出を撤回したことが	ない・ある（　　回）	
4　1歳までの育児休業（パパ・ママ育休プラスの場合は1歳2か月まで）			
4-1　休業の期間	令和5年7月29日から令和6年6月1日まで （職場復帰予定日　令和6年6月3日）		

		※1回目と2回目を一括で申し出る場合に記載（2回目を後日申し出ることも可能） 　　　　年　　月　　日から　　年　　月　　日まで 　　（職場復帰予定日　　　　年　　月　　日）
4-2　申出に係る状況	(1) 休業開始予定日の1か月前に申し出て	(いる)　いない→申出が遅れた理由 〔　　　　　　　　　　　　　　〕
	(2) 1の子について育児休業をしたことが（休業予定含む）	(ない)　ある（　回） →ある場合 休業期間：　　年　　月　　日から 　　　　　　　　年　　月　　日まで →2回ある場合、再度休業の理由 〔　　　　　　　　　　　　　　〕
	(3) 1の子について育児休業の申出を撤回したことが	(ない)　ある（　回） →2回ある場合又は1回あるかつ上記(2)がある場合、再度申出の理由 〔　　　　　　　　　　　　　　〕
	(4) 配偶者も育児休業をしており、規則第　条第　項に基づき1歳を超えて休業しようとする場合（パパ・ママ育休プラス）	配偶者の休業開始（予定）日 　　　　年　　月　　日
5　1歳を超える育児休業		
5-1　休業の期間		年　　月　　日から　　年　　月　　日まで 　　（職場復帰予定日　　　　年　　月　　日）
5-2　申出に係る状況	(1) 休業開始予定日の2週間前に申し出て	いる・いない→申出が遅れた理由 〔　　　　　　　　　　　　　　〕
	(2) 1の子について1歳を超える育児休業をしたことが（休業予定含む）	ない・ある→再度休業の理由 〔　　　　　　　　　　　　　　〕 休業期間：　　年　　月　　日から 　　　　　　　　年　　月　　日まで
	(3) 1の子について1歳を超える育児休業の申出を撤回したことが	ない・ある→再度申出の理由 〔　　　　　　　　　　　　　　〕
	(4) 休業が必要な理由	
	(5) 1歳を超えての育児休業の申出の場合で申出者が育児休業中でない場合	配偶者が休業　している・していない 配偶者の休業（予定）日 　　　　年　　月　　日から 　　　　年　　月　　日まで

（注）上記3、4の休業は原則各2回まで、5の1歳6か月まで及び2歳までの休業は原則各1回です。申出の撤回1回（一の休業期間）につき、1回休業したものとみなします。

＜提出先＞　　直接提出や郵送のほか、電子メールでの提出も可能です。
　　総務部　人事課　　　メールアドレス：□□□□@□□

※申出書に提出先を記載することは義務ではありませんが、電子メール等の提出を認める場合は
　その旨を記載するとわかりやすいでしょう。

〔（出生時）育児・介護〕休業取扱通知書

雀 鷹子 殿

令和5年6月21日
会社名　株式会社雀企画

　あなたから令和5年6月20日に〔（出生時）育児・介護〕休業の（申出・期間変更の申出・申出の撤回〕がありました。育児・介護休業等に関する規則（第3条、第4条、第5条、第7条、第8条、第9条、第11条、第12条及び第13条）に基づき、その取扱いを下記のとおり通知します（ただし、期間の変更の申出及び出生時育児休業中の就業日があった場合には下記の事項の若干の変更があり得ます。）。

記

1　休業の期間等	(1) 適正な申出がされていましたので申出どおり令和5年7月29日から令和6年6月1日まで（出生時育児・育児・介護）休業してください。職場復帰予定日は、令和6年6月3日です。 (2) 申し出た期日が遅かったので休業を開始する日を　　　年　　月　　日にしてください。 (3) あなたは以下の理由により休業の対象者でないので休業することはできません。 (4) あなたが　　　年　　月　　日にした休業申出は撤回されました。 (5) （介護休業の場合のみ）申出に係る対象家族について介護休業ができる日数は通算93日です。今回の措置により、介護休業ができる残りの回数及び日数は、（　　）回（　　）日になります。
2　休業期間中の取扱い等	(1) 休業期間中については給与を支払いません。 (2) 所属は広報部第一Gのままとします。 (3) ・（（出生時）育児休業のうち免除対象者）あなたの社会保険料は免除されます。 　（介護休業の場合等免除対象外）あなたの社会保険料本人負担分は、　　　月現在で1月約　　　円ですが、休業を開始することにより、　　月からは給与から天引きができなくなりますので、月ごとに会社から支払い請求書を送付します。指定された日までに下記へ振り込むか、　　　に持参してください。 　振込先： (4) 税については市区町村より直接納税通知書が届きますので、それに従って支払ってください。 (5) 毎月の給与から天引きされる社内融資返済金がある場合には、支払い猶予の措置を受けることができますので、総務部に申し出てください。 (6) 職場復帰プログラムを受講できますので、希望の場合は人事課に申し出てください
3　休業後の労働条件	(1) 休業後のあなたの基本給は、○級△号 300,000 円です。 (2) ~~　　　年　　月の賞与については算定対象期間に　　　日の出勤日がありますので、出勤日数により日割りで計算した額を支給します。~~ (3) 退職金の算定に当たっては、休業期間を勤務したものとみなして勤続年数を計算します。 (4) 復職後は原則として広報部で休業をする前と同じ職務についていただく予定ですが、休業終了1か月前までに正式に決定し通知します。 (5) あなたの今年度の有給休暇はあと2日ありますので、これから休業期間を除き令和7年3月31日までの間に消化してください。 　次年度の有給休暇は、今後○日以上欠勤がなければ、繰り越し分を除いて○○日の有給休暇を請求できます。
4　その他	(1) お子さんを養育しなくなる、家族を介護しなくなる等あなたの休業に重大な変更をもたらす事由が発生したときは、なるべくその日に総務部人事課あて電話連絡をしてください。この場合の休業終了後の出勤日については、事由発生後2週間以内の日を会社と話し合って決定していただきます。 (2) 休業期間中についても会社の福利厚生施設を利用することができます。

（注）上記のうち、1(1)から(4)までの事項は事業主の義務となっている部分、それ以外の事項は努力義務となっている部分です。

「対象児出生届」 は、事前に育児休業等の申出をした労働者の子が生まれた際に労働者が会社に届け出るものです。

この参考様式は育児休業時のほか後述の「所定外労働制限」「時間外労働制限」「深夜業制限」「育児短時間勤務」の申出をした後に子どもが生まれた際にも使えるような様式となっています。

厚生労働省参考様式を使用した
社内様式記載例

〔（出生時）育児休業・育児のための所定外労働制限・育児のための
時間外労働制限・育児のための深夜業制限・育児短時間勤務〕対象児出生届

株式会社雀企画
代表取締役社長　　雀田　邦親　　殿

[申出日] 令和5年7月24日
[申出者] 所属　経理部 経理課
　　　　　氏名　鷲尾　千鶴

　私は、令和7年6月5日に行った〔（出生時）育児休業の申出・所定外労働制限の請求・時間外労働制限の請求・深夜業制限の請求・育児短時間勤務の申出〕において出生していなかった〔（出生時）育児休業・所定外労働制限・時間外労働制限・深夜業制限・育児短時間勤務〕に係る子が出生しましたので、（育児・介護休業等に関する規則（第3条、第7条、第16条、第17条、第18条及び第19条）に基づき、下記のとおり届け出ます。

記

1　出生した子の氏名　　　　鷲尾　つぐみ

2　出生の年月日　　　　　　令和5年7月20日

「（出生時）育児休業申出撤回届」 は、育児休業の申出をした労働者が撤回の申出をする際の届出様式です。

育児休業開始予定日の前日まででであれば、労働者は育児休業の申出を撤回することができます。1歳までの育児休業の場合は、撤回1回につき1回の休業をしたものとみなします。出生時育児休業の場合も撤回1回につき1回休業したものとみなしますが、1回の申出で1回分の休業を申し出てそれを撤回した場合、2回目の出生時育児休業が取得できなくなりますので注意が必要です。

1歳6カ月または2歳までの育児休業の場合は、その申出の対象となった子について特別の事情がない限り、撤回後は再び育児休業の申出をすることができません。

会社は「(出生時)育児休業申出撤回届」を受け取ったら「育児休業取扱通知書」で撤回の申出を受けたことを労働者に通知します。

厚生労働省参考様式を使用した
社内様式記載例

〔(出生時)(育児)・介護〕休業申出撤回届

株式会社雀企画
代表取締役社長　　雀田　邦親　　殿

[申出日] 令和5年6月26日
[申出者] 所属　広報部第一G
　　　　　氏名　雀　鷹子

　私は、育児・介護休業等に関する規則（第4条、第8条及び第12条）に基づき、令和5年6月20日に行った〔(出生時)(育児) 介護〕休業の申出を撤回します。

※同日に複数期間申出している場合は、撤回する休業期間を記載すること。

「(出生時) 育児休業期間変更申出書」は、育児休業の申出をした労働者から期間変更の申出があった際の届出様式です。

出産予定日よりも早く子どもが生まれた場合などの特別な事情がある場合に限って、労働者は1歳までの育児休業1回につき1回だけ休業開始予定日を繰り上げ変更することができます。変更の申出の事由の記載も必要です。希望通りの日に繰り上げ変更するためには、繰り上げ変更休業開始予定日の1週間前までに変更の申出をする必要があります。

一方、育児休業終了予定日の繰り下げ変更については、事由を問わず可能です。1歳までの育児休業1回につき1回、1歳から1歳6カ月までの休業について1回、1歳6カ月から2歳までの休業について1回、育児休業の期間を延長することができます。1歳までの育児休業の場合は当初の育児休業終了予定日の1カ月前までに、1歳6カ月（または2歳）までの育児休業の場合は当初の育児休業終了予定日の2週間前までに、変更の申出をすることが必要です。

会社は「(出生時)育児休業期間変更申出書」を受け取ったら「育児休業取扱通知書」によって、変更の申出を受けたこと、育児休業開始予定日・終了予定日を労働者に通知します。

厚生労働省参考様式を使用した
社内様式記載例

〔（出生時）育児・介護〕休業期間変更申出書

株式会社雀企画
代表取締役社長　　雀田　邦親　　殿

[申出日] 令和6年2月1日
[申出者] 所属　広報部第一G
氏名　雀　鷹子

　私は、育児・介護休業等に関する規則（第5条、第9条及び第13条）に基づき、令和5年6月20日に行った〔（出生時）育児　介護〕休業の申出における休業期間を下記のとおり変更します。

記

1　当初の申出における休業期間	令和5年7月29日から 令和6年6月1日まで
2　当初の申出に対する会社の対応	休業開始予定日の指定 ・　有　→　指定後の休業開始予定日 　　　　　　　　　年　　月　　日 ・　無
3　変更の内容	(1) 休業〔開始　終了〕予定日の変更 (2) 変更後の休業〔開始　終了〕予定日 令和6年4月30日
4　変更の理由 （休業開始予定日の変更の場合のみ）	

（注）1歳6か月まで及び2歳までの育児休業及び介護休業に関しては休業開始予定日の変更はできません。

（2）出生時育児休業制度（育児・介護休業法第9条の2〜5）

　通称「産後パパ育休」ともいい、男性労働者の育児休業促進のために設けられた制度です。原則として出生後8週間以内の子を養育する産後休業をしていない労働者が対象となりますので、養子を養育しているなどの場合は女性労働者であっても対象になります。

　ただし有期雇用労働者の場合は申出時点において「子の出生日または出産予定日のいずれか遅いほうから起算して8週間を経過する日の翌日から6カ月を経過する日までに労働

契約が満了することが明らかでないこと」という要件に該当する必要があります。

　出生時育児休業は育児休業とは別に、原則として出生後8週間のうち4週間まで2回に分割して取得することができますが、初回にまとめて申し出ることが必要です。申出期限は原則2週間前までです。

労使協定について

　　　　労使協定で定められた一定の労働者は育児休業を取得することができませんので、自社の労使協定の有無（労使協定がある場合はその内容）について確認をしておきましょう。

　労使協定を締結した場合に、育児休業の申出を拒む（取得対象外とする）ことができるのは、

① 　入社1年未満の労働者

② 　申出日から1年（1歳6カ月および2歳まで延長する場合は6カ月、出生時育児休業の場合は8週間）以内に雇用関係が終了することが明らかな労働者

③ 　1週間の所定労働日数が2日以下の労働者

です。

04-2. 育児休業等期間中の社会保険料（申出により免除）

　育児休業等期間中の毎月の報酬（給与）にかかる社会保険料（健康保険・厚生年金保険の保険料）は、育児休業等を開始した日の属する月から終了する日の翌日が属する月の前月までが免除となります。加えて、令和4年10月1日より、育児休業等開始日が含まれる月内に14日以上育児休業等を取得した場合にも免除されるようになりました。

　賞与にかかる保険料は、これまでは育児休業等期間に月末が含まれる月に支給された賞与にかかる保険料が免除の対象でしたが、令和4年10月1日より、賞与を支払った月の末日を含んだ連続した1カ月を超える育児休業等を取得した場合のみ免除されることとなりました。1カ月を超えるかは暦日で判断し、土日等の休日も期間に含みます。

　この申出は被保険者が次に掲げる育児休業を取得するたびに会社が手続きを行う（年金事務所・健康保険組合に「育児休業申出書」を提出する）ことによって免除（本人負担分・会社負担分とも）されます。

① 　１歳に満たない子を養育するための育児休業

② 　１歳から１歳６カ月に達するまでの子を養育するための育児休業

③ 　１歳６カ月から２歳に達するまでの子を養育するための育児休業

④ 　１歳から３歳に達するまでの子を養育するための育児休業の制度に準ずる措置による休業

⑤ 　産後休業をしていない労働者が、育児休業とは別に、子の出生後８週間以内に４週間まで、２回に分割して取得する休業（出生時育児休業）

「育児休業等取得者申出書（新規・延長）／終了届」という様式を使いますが、新規（または延長）の申出の際や、当初の予定より早く復職するなど育児休業終了予定日前に育児休業等を終了した場合に「終了届」として提出します。

社会保険料の免除を受けても健康保険の給付は免除前と同様に受けることができ、また、年金についても免除された期間分も将来受け取る年金額に反映される仕組みになっています。

賞与保険料が免除される場合も、標準賞与額として決定され、将来の年金額計算等もこの標準賞与額が用いられるとともに、健康保険の年度累計額に算入されます。

育児休業等を取得し、保険料の免除を受けようとするとき（日本年金機構ホームページ）
https://www.nenkin.go.jp/service/kounen/todokesho/menjo/20140403-01.html

育児休業等取得者申出書の記載例

様式コード				
2 2 6 3				

健康保険
厚生年金保険

**育児休業等取得者
申出書(新規・延長)/終了届**

‖‖‖‖‖‖‖‖‖‖‖‖‖‖‖‖‖‖

令和　　年　　月　　日提出

提出者記入欄

事業所整理記号	００ー スユヒ

届書記入の個人番号に誤りがないことを確認しました。

事業所所在地　〒 000 - 0000
　東京都○○区○○○町2の2の3

事業所名称　株式会社雀企画

事業主氏名　代表取締役社長　雀田　邦親

電話番号　03 （　0000　）0000

受付印

社会保険労務士記載欄
氏名等

新規申出の場合は共通記載欄に必要項目を記入してください。

延長・終了の場合は、共通記載欄に育児休業取得時に提出いただいた内容を記入のうえ、A.延長　B.終了の必要項目を記入してください。

≪「⑩育児休業等開始年月日」と「⑪育児休業等終了(予定)年月日の翌日」が同月内の場合≫

・共通記載欄の⑫育児休業等取得日数欄と⑬就業予定日数欄を必ず記入してください。
・同月内に複数回の育児休業を取得した場合は、⑩育児休業等開始年月日欄に、初回の育児休業等開始年月日を、⑪育児休業等終了予定年月日欄に最終回の育児休業等終了予定年月日を記入のうえ、C.育休等取得内訳を記入してください。

共通記載欄（新規申出）

① 被保険者整理番号	52	② 個人番号[基礎年金番号]	× × × × × × × × × × × ×

③ 被保険者氏名	(フリガナ) スズメ (氏) 雀　(名) タカコ 鷹子	④ 被保険者生年月日	5.昭和 7.平成 9.令和	年 0 5 月 0 9 日 2 0	⑤ 被保険者性別	1. 男 2. 女

⑥ 養育する子の氏名	(フリガナ) スズメ (氏) 雀　(名) ヒナコ 雛子	⑦ 養育する子の生年月日	9.令和	年 0 5 月 0 6 日 0 2

⑧ 区分	1.実子 2.その他 ※「2.その他」の場合は、⑨養育開始年月日(実子以外)も記入してください。	養育開始年月日(実子以外)	9.令和	年　　月　　日

⑩ 育児休業等開始年月日	9.令和	年 0 5 月 0 7 日 2 9	⑪ 育児休業等終了(予定)年月日	9.令和	年 0 6 月 0 6 日 0 1

⑫ 育児休業等取得日数	⑬ 就業予定日数	⑭ パパママ育休プラス該当区分	⑮ 備考
		□ 該当	

終了予定日を延長する場合　※必ず共通記載欄も記入してください。

A.延長

⑯ 育児休業等終了(予定)年月日(変更後)	9.令和	年　　月　　日

※延長後の「⑯育児休業等終了(予定)年月日の翌日」が⑩育児休業等開始年月日と同月内の場合は、⑰変更後の育児休業等取得日数欄も記入してください。

⑰ 変更後の育児休業等取得日数	日

予定より早く育児休業を終了した場合　※必ず共通記載欄も記入してください。

B.終了

⑱ 育児休業等終了年月日	9.令和	年　　月　　日

※「⑱育児休業等終了年月日の翌日」が⑩育児休業等開始年月日と同月内の場合は、⑲変更後の育児休業等取得日数欄も記入してください。

⑲ 変更後の育児休業等取得日数	日

「育児休業等開始年月日」と「育児休業等終了(予定)年月日の翌日」が同月内、かつ複数回育児休業等を取得する場合　※必ず共通記載欄も記入してください。

C.育休等取得内訳

		育児休業等開始年月日		育児休業等終了(予定)年月日		育児休業等取得日数	就業予定日数
1	⑳	9.令和	年　月　日	㉑ 9.令和	年　月　日	㉒ 日	㉓ 日
2	㉔	9.令和	年　月　日	㉕ 9.令和	年　月　日	㉖ 日	㉗ 日
3	㉘	9.令和	年　月　日	㉙ 9.令和	年　月　日	㉚ 日	㉛ 日
4	㉜	9.令和	年　月　日	㉝ 9.令和	年　月　日	㉞ 日	㉟ 日

04-3. 育児休業給付

　育児休業給付には、出生時育児休業期間を対象に支給される「出生時育児休業給付金」と、育児休業期間中（延長を含む）に支給される「育児休業給付金」があります。

　雇用保険の被保険者（短期雇用特例被保険者および日雇労働被保険者を除く）が、出生時育児休業または育児休業をした場合の初回の休業（以下「算定対象休業」といいます。）において、原則として、当該休業を開始した日前の2年間に賃金支払基礎日数が11日以上ある完全月または当該休業を開始した日前の2年間に賃金支払基礎日数の11日以上ある完全月が12カ月に満たない場合は賃金の支払の基礎となった時間数が80時間以上である完全月（以下「みなし被保険者期間」といいます。）が通算して12カ月以上あるときに育児休業給付の受給資格者となります。

　有期雇用労働者については、育児休業の場合は「子が1歳6カ月（2歳に達する日まで取得する場合は2歳）に達する日までに労働契約が満了することが明らかでないこと」、出生時育児休業の場合は「子の出生日または出産予定日のいずれか遅いほうから起算して8週間を経過する日の翌日から6カ月を経過する日までに労働契約が満了することが明らかでないこと」という要件にも該当する必要があります。

（1）出生時育児休業給付金

　「出生日または出産予定日のうち早い日」から「出生日または出産予定日のうち遅い日から8週間を経過する日の翌日まで」の期間内に4週間（28日、2回まで分割可能）までの範囲で出生時育児休業を取得し、

① 出生時育児休業期間を対象として、休業開始時賃金日額×休業期間の日数の8割以上の賃金が支払われていないこと

② 休業期間中の就業日数※が、最大10日（10日を超える場合は就業した時間数が80時間）以下であること

などの要件を満たす場合に支給されます。

※就業させる場合は予め労使協定の締結が必要となります。また休業期間が28日間より短い場合は、その日数に比例して就業可能日数も少なくなります。

休業開始時賃金日額とは

　　　　育児休業開始前（産前産後休業を取得した被保険者が育児休業を取得した場合は、原則として産前産後休業開始前）6カ月間または当該休業を開始した日前の2年間に完全な賃金月が6カ月に満たない場合は、賃金の支払の基礎となった時間数が80時間以上である賃金月6カ月の間に支払われた賃金（臨時に支払われる賃金と3カ月を超える期間ごとに支払われる賃金を除く）の総額を180で除して得た額（←上限額あり）のことです。

　出生時育児休業給付金の支給額は原則として、

　[休業開始時賃金日額×休業期間の日数（28日が上限）×67%] です。

　ただし、出生時育児休業期間を対象として賃金が支払われた場合、賃金の額によって調整が行われます。

　支払われた賃金の額が休業開始時賃金日額に休業期間の日数（28日が上限）を乗じた額の13%以下であるときは特段の調整は行われませんが、80%以上となる場合は支給されません。

　支払われた賃金の額が休業開始時賃金日額に休業期間の日数を乗じた額の13%を超え80%未満の場合は、休業開始時賃金日額に休業期間の日数を乗じた額の80%相当額と賃金額との差額が支給されます。

支払われた賃金の額	支給額
「休業開始時賃金日額×休業期間の日数」の13%以下	休業開始時賃金日額×休業期間の日数×67%
「休業開始時賃金日額×休業期間の日数」の13%超～80%未満	休業開始時賃金日額×休業期間の日数×80%－賃金額
「休業開始時賃金日額×休業期間の日数」の80%以上	支給されません

「雇用保険被保険者休業開始時賃金月額証明書」「育児休業給付受給資格確認票・出生時育児休業給付金支給申請書」を会社の所在地を管轄するハローワークに提出します。育児休業給付金とは異なり、受給資格の確認と給付金の支給申請を同時に行う必要があります。

　なお、出生時育児休業は同一の子について2回に分割して取得できますが、申出時と同じく、給付金の申請も1回にまとめて行います。

　被保険者から申請等に係る同意書が提出された場合には、被保険者の記名を省略できます。この場合、申請者氏名欄には、「申請について同意済み」と記載してください。

　賃金台帳、出勤簿、母子健康手帳の写し等、支給申請書の記載内容を確認できる書類を添付します。

　子の出生日（出産予定日前に子が出生した場合は、当該出産予定日）から8週間を経過する日の翌日から提出が可能となり、当該日から2カ月を経過する日の属する月の末日が提出期限となります。休業期間を対象とする賃金がある場合は、当該賃金が支払われた後に提出してください。

育児休業給付受給資格確認票・出生時育児休業給付金支給申請書の記載例

■　第101条の33関係（第1面）

育児休業給付受給資格確認票・出生時育児休業給付金支給申請書
（必ず第2面の注意書きをよく読んでから記入してください。）

帳票種別 `1 0 4 0 7`

1. 被保険者番号 `1 2 3 4 - 5 6 7 8 9 1 - 2`

2. 資格取得年月日 `4 - 2 7 0 4 0 1` （元号 年 月 日）

3. 被保険者氏名 `雀　ちゅん吉`　フリガナ（カタカナ） `ス ス ﾞ メ チ ュ ン キ チ`

4. 事業所番号 `1 1 1 1 - 1 1 1 1 1 1 - 1`

5. 育児休業開始年月日 `5 - 0 5 0 6 0 2` （元号 年 月 日）

6. 出産年月日 `5 - 0 5 0 6 0 2` （元号 年 月 日）

8. 個人番号 `× × × × × × × × × × × ×`

7. 出産予定日 `5 - 0 5 0 6 0 2` （元号 年 月 日）（ 3 昭和　4 平成　5 令和 ）

9. 被保険者の住所（郵便番号） `0 0 0 - 0 0 0 0`

10. 被保険者の住所（漢字）※市・区・都及び町村名 `東 京 都 ○ ○ 区 ○ ○ 町`

被保険者の住所（漢字）※丁目・番地 `1 の 2 の 3`

被保険者の住所（漢字）※アパート、マンション名等 `電 柱 ア パ ー ト`

11. 被保険者の電話番号（項目ごとにそれぞれ左詰めで記入してください。）
市外局番 `0 8 0` 市内局番 `0 0 0 0` 番号 `0 0 0 0`

12. 支給期間その1（初日） `5 - 0 5 0 6 0 2 - 0 6 1 8`（5 令和）（元号 年 月 日 末日 月 日）

13. 就業日数 `0`　14. 就業時間 `0`（時間）　15. 支払われた賃金額 `0`（円）

16. 支給期間その2（初日） `5 - 0 5 0 6 2 3 - 0 6 2 6`（5 令和）（元号 年 月 日 末日 月 日）

17. 就業日数 `0`　18. 就業時間 `0`（時間）　19. 支払われた賃金額 `0`（円）

（この用紙は、このまま機械で処理しますので、汚さないようにしてください。）

※公共職業安定所記載欄	20. 期間雇用者の継続雇用の見込み	21. 賃金月額（区分ー日額又は総額） （1 日額）（2 総額）（円）	22. 当初の育児休業開始年月日 （元号 年 月 日）
	23. 受給資格確認年月日 （元号 年 月 日）（5 令和）	24. 受給資格否認 受給資格なしと判断した場合に「1」を記入	
	25. 支払区分　26. 金融機関・店舗コード　口座番号		27. 未支給区分 空欄 未支給以外 1 未支給

上記被保険者が出生時育児休業を取得し、上記の記載事実に誤りがないことを証明します。
事業所名（所在地・電話番号）東京都○○区○○○町2の2の3
株式会社雀企画　03 -0000 -0000
令和　5 年　8 月　10 日　事業主氏名　代表取締役社長　雀田　邦親

上記のとおり育児休業給付の受給資格の確認を申請します。
雇用保険法施行規則第101条の33の規定により、上記のとおり出生時育児休業給付金の支給を申請します。
令和　5 年　8 月　15 日　△△ 公共職業安定所長　殿
フリガナ　スズメ　チュンキチ　申請者氏名　雀　ちゅん吉

28. 払渡希望金融機関指定届	払渡希望金融機関	フリガナ 名称	スズメギンコウ デンチュウシテン 雀銀行　電柱	本店支店	金融機関コード `0 0 0 0` 店舗コード `0 0 0`
		銀行等（ゆうちょ銀行以外）	口座番号（普通） `0 0 0 0 0 0 0`		
		ゆうちょ銀行	記号番号（総合） －		

備考	賃金締切日　31 日　賃金支払日　当月・翌月 20 日	通勤手当　有（毎月・3か月・6か月・　）無	※処理欄	資格確認の可否	可　・　否
				資格確認年月日	令和　年　月　日
				通知年月日	令和　年　月　日

社会保険労務士記載欄	作成年月日・提出代行者・事務代理者の表示	氏　名	電話番号	※ 所長	次長	課長	係長	係	操作者

2022. 9

41

記載内容に関する確認書
申請等に関する同意書
（育児休業給付用）

令和 5 年 6 月22日

私は、下記の事業主が行う

記

☑　育児休業給付の受給資格の確認の申請について同意します。

☑　雇用保険法施行規則第 101 条の 30・第 101 条の 33 の規定による育児休業
　　給付の支給申請について同意します（今回の申請に続く今後行う支給申請を
　　含む。）。

（該当する項目にチェック。複数項目にチェック可）

※　本同意書の保存期限は、雇用保険法施行規則第 143 条の規定により本継続
給付に係る完結の日から 4 年間とします。

事業所名称　　株式会社雀企画

事業主氏名　　代表取締役社長　　雀田　邦親

被保険者番号　　3456-789123-4

被保険者氏名　　雀　鷹子

以上

（2）育児休業給付金

　１歳（一定の要件を満たす場合は１歳２カ月、保育所に入所できない等の延長事由に該当する場合は１歳６カ月または２歳）未満の子を養育するために育児休業を取得した場合に、１支給単位期間中の就業日数が10日（10日を超える場合は就業時間数が80時間）以下であること等を要件として支給されます。

支給単位期間とは

　　　　育児休業を開始した日から起算した１カ月ごとの期間のことをいいます。休業開始日から翌月の応当日の前日まで、応当日がない場合はその月の月末を応当日とみなします。
　育児休業を２回に分割して取得する場合は、それぞれの休業期間ごとに考えます。

支給単位期間の考え方

例：産後休業に引き続き、子が１歳に達する日の前日まで育児休業を取得した場合

支給対象となる子が「１歳に達する日の前日まで」とは１歳の誕生日の前々日までをいいます

育児休業給付の内容と支給申請手続（厚生労働省パンフレット）より

　育児休業給付金の支給額は、
　[休業開始時賃金日額（上限額あり）×支給日数（原則30日）×50％（出生時育児休業を含む休業が通算して180日までは67％）]ですが、会社から育児休業期間を対象として賃金が支払われた場合は出生時育児休業の場合と同じように調整がなされることがあります。

支払われた賃金の額	支給額
「休業開始時賃金月額」の13%以下（※育児休業開始から181日目以降は30%、以下同じ）	休業開始時賃金日額×休業期間の日数×67%（※50%）
「休業開始時賃金月額」の13%（※30%）超〜80%未満	休業開始時賃金日額×休業期間の日数×80%－賃金額
「休業開始時賃金月額」の80%以上	支給されません

「休業開始時賃金月額」…休業開始前賃金日額×30日

　賃金台帳、出勤簿、母子健康手帳の写し等、支給申請書の記載内容を確認できる書類を添付の上、「雇用保険被保険者休業開始時賃金月額証明書」「育児休業給付受給資格確認票・（初回）育児休業給付金支給申請書」を会社の所在地を管轄するハローワークに提出します。

　受給資格の確認のみを先に行うことも可能ですが、初回の育児休業給付金の申請と同時に受給資格の確認も行う場合は、育児休業開始日から起算して4カ月を経過する日の属する月の末日までが提出期限となります。この場合の初回の育児休業給付金の支給申請は、原則として最初と次の2つの支給単位期間について行います。

　受給資格がある場合は「育児休業給付受給資格確認通知書」と次回申請用の「育児休業給付金支給申請書」がハローワークより交付されます。2回目以降の支給申請手続きは原則として2カ月に1度行います。

　保育所に入所できないなどの理由で、1歳に達する日後の延長、1歳6カ月に達する日後の延長をする場合は、それぞれのタイミングで延長事由に該当することが確認できる書類を添付の上、支給対象期間延長の手続きが必要になります。

　なお、育児休業給付金の支給を受けた場合、支給を受けた期間は、雇用保険の基本手当と高年齢求職者給付金の所定給付日数に係る算定基礎期間から除いて算定されます。

育児休業給付について（ハローワークインターネットサービス）
https://www.hellowork.mhlw.go.jp/insurance/insurance_childcareleave.html

育児休業給付受給資格確認票・（初回）育児休業給付金支給申請書の記載例

■ 第101条の30関係（第1面）

育児休業給付受給資格確認票・（初回）育児休業給付金支給申請書
（必ず第2面の注意書きをよく読んでから記入してください。）

帳票種別	1. 被保険者番号	2. 資格取得年月日
1 4 4 0 5	3 4 5 6 - 7 8 9 1 2 3 - 4	4 - 2 8 0 4 0 1　元号　年　月　日

3. 被保険者氏名　雀　鷹子　　フリガナ（カタカナ）　ス ス ゛メ 　タ カ コ

4. 事業所番号	5. 育児休業開始年月日	6. 出産年月日（3 昭和 4 平成 5 令和）
1 1 1 1 - 1 1 1 1 1 - 1	5 - 0 5 0 7 2 9　元号　年　月　日	5 - 0 5 0 6 0 2　元号　年　月　日

8. 過去に同一の子について出生時育児休業または育児休業取得の有無	9. 個人番号	7. 出産予定日
	× × × × × × × × × × × ×	5 - 0 5 0 6 0 2　元号　年　月　日

10. 被保険者の住所（郵便番号）	12. 被保険者の電話番号（項目ごとにそれぞれ左詰めで記入してください。）
0 0 0 0 - 0 0 0 0	市外局番 0 9 0 - 市内局番 0 0 0 0 - 番号 0 0 0 0

11. 被保険者の住所（漢字）※市・区・都及び町村名
東 京 都 ○ ○ 区 ○ ○ 町

被保険者の住所（漢字）※丁目・番地
1 の 2 の 3

被保険者の住所（漢字）※アパート、マンション名等
電 柱 ア パ ー ト

13. 支給単位期間その1（初日）　（末日）		14. 就業日数	15. 就業時間	16. 支払われた賃金額
5 - 0 5 0 7 2 9 - 0 8 2 8　元号　年　月　日	4 平成 5 令和	0	0 時間	0 円

17. 支給単位期間その2（初日）　（末日）		18. 就業日数	19. 就業時間	20. 支払われた賃金額
5 - 0 5 0 8 2 9 - 0 9 2 8　元号　年　月　日	4 平成 5 令和	0	0 時間	0 円

21. 最終支給単位期間（初日）　（末日）		22. 就業日数	23. 就業時間	24. 支払われた賃金額
- - 元号　年　月　日	4 平成 5 令和		時間	円

25. 職場復帰年月日	26. 支給対象となる期間の延長事由－期間
- - 元号　年　月　日	事由　元号　年　月　日

（この用紙は、このまま機械で処理しますので、汚さないようにしてください。）

1 保育所における保育の実施の申込みを行い、当面その実施が行われない場合
2 育児を行う配偶者の死亡
3 育児を行う配偶者の負傷、疾病、身体障害
4 育児を行う配偶者が別居した場合
5 6週間以内に出産する予定又は産後8週間を経過しない場合
6 他の保育の必要な状態の場合

27. 配偶者育休取得	28. 配偶者の被保険者番号	29. 育児休業再取得理由　1 他休業事由の消滅　2 配偶者等の事由　3 子や保育の事情　4 延長交替	31. 休業事由の消滅年月日
	- -		- - 元号　年　月　日

※公共職業安定所記載欄

30. 期間雇用者の継続雇用の見込み	32. 延長等変否	33. 産後休業表示（休業があった場合に「1」を記入）	34. 賃金月額（区分－日額又は総額）（1 日額 2 総額）	35. 当初の育児休業開始年月日
			円	- - 元号　年　月　日

36. 受給資格確認年月日		37. 受給資格否認（受給資格なしと判断した場合に「1」を記入）	38. 支給申請月（1 奇数月 2 偶数月）	39. 次回支給申請年月日
- - 元号　年　月　日	4 平成 5 令和			- - 元号　年　月　日

40. 支払区分	41. 金融機関・店舗コード	口座番号	42. 未支給区分（空欄 未支給以外　1 未支給）

上記被保険者が育児休業を取得し、上記の記載事実に誤りがないことを証明します。

事業所名（所在地・電話番号）東京都○○区○○町2の2の3　株式会社雀企画　03－0000－0000

令和　5 年　10 月　30 日　事業主名　代表取締役社長　雀田　邦麿㊞

上記のとおり育児休業給付の受給資格の確認を申請します。
雇用保険法施行規則第101条の30の規定により、上記のとおり育児休業給付金の支給を申請します。

令和　5 年　10 月　30 日　　△△ 公共職業安定所長　殿

フリガナ　スズメ タカコ
申請者氏名　雀 鷹子

払渡希望金融機関指定届	43. 払渡希望金融機関	フリガナ 名称	スズメギンコウ アオゾラシテン 雀銀行 青空		金融機関コード 0 0 0 0	店舗コード 0 0 0
		銀行等（ゆうちょ銀行以外）	口座番号（普通）0 0 0 0 0 0 0			
		ゆうちょ銀行	記号番号（総合）　－			

備考	賃金締切日　31 日　賃金支払日　当月・翌月 20 日	通勤手当 有（毎月・3か月・6か月・　　　）㊞	※処理欄	資格確認の可否　可・否	
				資格確認年月日　令和　年　月　日	
				通知年月日　令和　年　月　日	

社会保険労務士記載欄	作成年月日・提出代行者・事務代理者の表示	氏　名	電話番号	※所長	次長	課長	係長	係	操作者

2022. 9

45

休業開始時賃金月額証明書の記載例

雇用保険被保険者　**休業開始時賃金月額証明書**（事業主控）　（介護・**育児**）
所定労働時間短縮開始時賃金証明書

①被保険者番号	3456 - 789123 - 4	③ フリガナ	スズメ タカコ	④休業等を開始した日の年月日	年 令和 05	月 07	日 29
①事業所番号	1111 - 111111 - 1	休業を開始した者の氏名	雀 鷹子				

⑤ 名称	株式会社雀企画	⑥休業等を開始した者の住所又は居所	〒○○○-○○○○
事業所所在地	東京都○○区○○○町2の2の3		東京都○○区○○○町1の2の3
電話番号	03-○○○○-○○○○		電話番号 （ 090 ）○○○○ - ○○○○

事業主	住所	東京都○○区○○○町2の2の3
	氏名	代表取締役社長　雀田 邦親

休業等を開始した日前の賃金支払状況等

⑦休業等を開始した日の前日に離職したとみなした場合の被保険者期間算定対象期間	⑧⑦の期間における賃金支払基礎日数	⑨賃金支払対象期間	⑩⑨の基礎日数	賃金額 Ⓐ	Ⓑ	計	⑫備考
休業等を開始した日　7月29日							
6月29日～休業等を開始した日の前日	0日	7月 1日～休業等を開始した日の前日	0日	0			自R5.4.22 至R5.7.28
3月29日～ 4月28日	24日	4月 1日～ 4月30日	21日	240,000			産前産後休業のため、
2月28日～ 3月28日	29日	3月 1日～ 3月31日	31日	300,000			賃金支払なし
1月29日～ 2月27日	30日	2月 1日～ 2月28日	28日	300,000			
12月29日～ 1月28日	31日	1月 1日～ 1月31日	31日	300,000			
11月29日～12月28日	30日	12月 1日～12月31日	31日	300,000			
10月29日～11月28日	31日	11月 1日～11月30日	30日	300,000			
9月29日～10月28日	30日	10月 1日～10月31日	31日	300,000			
8月29日～ 9月28日	31日	9月 1日～ 9月30日	30日	300,000			
7月29日～ 8月28日	31日	8月 1日～ 8月31日	31日	300,000			
6月29日～ 7月28日	30日	7月 1日～ 7月31日	31日	300,000			
5月29日～ 6月28日	31日	6月 1日～ 6月30日	30日	300,000			
4月29日～ 5月28日	30日	5月 1日～ 5月31日	31日	300,000			
3月29日～ 4月28日	31日	4月 1日～ 4月30日	30日	300,000			
月 日～ 月 日		月 日～ 月 日					
月 日～ 月 日		月 日～ 月 日					

⑬賃金に関する特記事項		休業開始時賃金月額証明書受理 所定労働時間短縮開始時賃金証明書 令和 年 月 日 （受理番号 号）

⑭（休業開始時における）雇用期間　イ定めなし　ロ定めあり→令和 年 月 日まで（休業開始日を含めて 年 カ月）

※公共職業安定所記載欄

注意
1 事業主は、公共職業安定所からこの休業開始時賃金月額証明書又は所定労働時間短縮開始時賃金証明書（事業主控）（以下「休業開始時賃金月額証明書等」という。）の返付を受けたときは、これを4年間保管し、関係職員の要求があったときは提示すること。
2 休業開始時賃金月額証明書等の記載方法については、別紙「雇用保険被保険者休業開始時賃金月額証明書等についての注意」を参照すること。
3 「休業等を開始した日」とあるのは、当該被保険者が介護休業又は育児休業を開始した日及び当該被保険者が要介護状態にある対象家族を介護するため若しくは小学校就学の始期に達するまでの子を養育するための休業又は当該被保険者がその要介護状態にある対象家族を介護すること若しくは就業しつつその子を養育することを容易にするための所定労働時間短縮措置の適用を開始した日のことである。
　なお、被保険者が労働基準法の規定による産前・産後休業に引き続いて、育児休業又は小学校就業の始期に達するまでの子を養育するための休業を取得する場合は出産日から起算して58日目に当たる日が、又は当該被保険者が就業しつつその子を養育することを容易にするための所定労働時間短縮措置を適用する場合は当該適用日が、「休業等を開始した日」となる。

社会保険労務士記載欄	作成年月日・提出代行者・事務代理者の表示	氏 名	電話番号

05　復職後の就業について

産後休業や育児休業を終了し復職する際には育児・介護休業法等に規定されている両立支援制度等を上手に活用したいものです。

厚生労働省のホームページに育児・介護休業法についてのパンフレットなども掲載されていますので参考にしてみてください。

育児・介護休業法のあらまし

　　　https://www.mhlw.go.jp/bunya/koyoukintou/pamphlet/34.html

育児・介護休業等に関する規則の規定例

　　　https://www.mhlw.go.jp/bunya/koyoukintou/pamphlet/35.html

05-1. 両立支援のための制度

（1）育児時間

1歳未満の子供を育てる女性から請求があった場合、会社は通常の休憩時間（1日の労働時間が6時間を超える場合は45分以上、8時間を超える場合は1時間以上）のほかに、1日2回、それぞれ少なくとも30分の育児時間を与えなければなりません（労働基準法第67条）。

授乳に要する時間を通常の休憩時間とは別に確保すること等のために設けられたものです。1日の労働時間が4時間以内であるような場合は1日1回の付与で足りるものとされています。

通常の休憩時間は労働時間の途中に与えなければなりませんが、育児時間は請求により勤務時間の始めや終わりに与えても構いません。

育児時間中の賃金について、有給か無給かは会社の規定によります。

（2）育児短時間勤務制度（所定労働時間の短縮措置）

　会社は、3歳に満たない子を養育する労働者に対して、1日の所定労働時間を原則として6時間とする措置を含む所定労働時間の短縮措置を講じなければなりません（育児・介護休業法第23条第1項）。

　ただし1日の所定労働時間が6時間以下の労働者や日雇労働者は対象外です。

　また、労使協定を締結すれば、

①　入社1年未満の労働者

②　1週間の所定労働日数が2日以下の労働者

③　業務の性質または業務の実施体制に照らして、育児のための所定労働時間の短縮措置を講ずることが困難と認められる業務に従事する労働者

は対象外とすることができますが、労使協定により適用除外とされた③の労働者に対しては、始業時刻変更等の代替措置を講じなければなりません。

　始業時刻変更等の措置として

①　フレックスタイム制度

②　時差出勤制度

③　労働者の3歳に満たない子に係る保育施設の運営その他これに準ずる便宜の供与

があります（育児・介護休業法第23条第2項、則第74条第2項）。

※「業務の性質または業務の実施体制に照らして、所定労働時間の短縮措置を講ずることが困難と認められる業務」については、指針（「子の養育又は家族の介護を行い、又は行うこととなる労働者の職業生活と家庭生活との両立が図られるようにするために事業主が講ずべき措置等に関する指針」）第2の9（3）に例示があります。

「子の養育又は家族の介護を行い、又は行うこととなる労働者の職業生活と家庭生活との両立が図られるようにするために事業主が講ずべき措置等に関する指針」

※下線部は著者

第二 事業主が講ずべき措置等の適切かつ有効な実施を図るための指針となるべき事項

一〜八 省略

九 法第23条第1項の規定による育児のための所定労働時間の短縮措置又は同条第2項に規定する育児休業に関する制度に準ずる措置若しくは始業時刻変更等の措置を講ずるに当たっての事項

（一）（二） 省略

（三） 法第23条第1項第3号の規定により、労使協定を締結する場合には当該業務に従事する労働者について所定労働時間の短縮措置を講じないことができる「業務の性質又は業務の実施体制に照らして、所定労働時間の短縮措置を講ずることが困難と認められる業務」とは、例えば、次に掲げるものが該当する場合があること。なお、<u>次に掲げる業務は例示であり、これら以外は困難と認められる業務に該当しないものではなく、また、これらであれば困難と認められる業務に該当するものではないこと。</u>

イ 業務の性質に照らして、制度の対象とすることが困難と認められる業務
国際路線等に就航する航空機において従事する客室乗務員等の業務

ロ 業務の実施体制に照らして、制度の対象とすることが困難と認められる業務
労働者数が少ない事業所において、当該業務に従事しうる労働者数が著しく少ない業務

ハ 業務の性質及び実施体制に照らして、制度の対象とすることが困難と認められる業務

（イ）流れ作業方式による製造業務であって、短時間勤務の者を勤務体制に組み込むことが困難な業務

（ロ）交替制勤務による製造業務であって、短時間勤務の者を勤務体制に組み込むことが困難な業務

（ハ）個人ごとに担当する企業、地域等が厳密に分担されていて、他の労働者では代替が困難な営業業務

労働者から育児短時間勤務の申出があったら、「育児短時間勤務申出書」を会社に提出してもらいます。会社は「育児短時間勤務取扱通知書」で申出を受けたことを労働者に通知します。

育児短時間勤務申出書

株式会社雀企画
代表取締役社長　　雀田　邦親　　殿

[申出日] 令和6年4月22日
[申出者] 所属　広報部第一G
氏名　雀　鷹子

　私は、育児・介護休業等に関する規則（第19条）に基づき、下記のとおり育児短時間勤務の申出をします。

記

1 短時間勤務に係る子の状況	(1) 氏名	雀　雛子
	(2) 生年月日	令和5年6月2日
	(3) 本人との続柄	長女
	(4) 養子の場合、縁組成立の年月日	
	(5) (1)の子が、特別養子縁組の監護期間中の子・養子縁組里親に委託されている子・養育里親として委託された子の場合、その手続きが完了した年月日	
2 1の子が生まれていない場合の出産予定者の状況	(1) 氏名 (2) 出産予定日 (3) 本人との続柄	
3 短時間勤務の期間	令和6年6月3日から令和7年3月31日	
	※　　時　　分から　　時　　分まで	
4 申出に係る状況	(1) 短時間勤務開始予定日の1か月前に申し出て	(いる) いない → 申出が遅れた理由〔　　　　　　　　　　　〕
	(2) 1の子について短時間勤務の申出を撤回したことが	(ない) ある 再度申出の理由〔　　　　　　　　　　　〕

（注）3-※欄は、労働者が個々に労働する時間を申し出ることを認める制度である場合には、必要となります。

〔(育児)・介護〕短時間勤務取扱通知書

雀 鷹子 殿

令和6年4月24日

会社名　株式会社雀企画

　あなたから令和6年4月22日に〔(育児)・介護〕短時間勤務の申出がありました。育児・介護休業等に関する規則（第19条及び第20条）に基づき、その取扱いを下記のとおり通知します（ただし、期間の変更の申出があった場合には下記の事項の若干の変更があり得ます。）。

記

1　短時間勤務の期間等	・適正な申出がされていましたので申出どおり令和6年6月3日から令和7年3月31日まで短時間勤務をしてください。 ・申し出た期日が遅かったので短時間勤務を開始する日を　　　　年　　　月　　　日にしてください。 ・あなたは以下の理由により対象者でないので短時間勤務をすることはできません。 〔　　　　　　　　　　　　　　　　　　　　　　　　　　　　　　　　　　　　　〕 ・今回の措置により、介護短時間勤務ができる期限は、　　　年　　　月　　　日までで、残り（　　　）回になります。
2　短時間勤務期間の取扱い等	(1) 短時間勤務中の勤務時間は次のとおりとなります。 　　　　　始業（9時00分）　　　　終業（16時00分） 　　　　　休憩時間（12時00分～13時00分（60分）） (2) （産後1年以内の女性従業員の場合）上記の他、育児時間1日2回30分の請求ができます。 (3) 短時間勤務中は原則として所定時間外労働は行わせません。 (4) 短時間勤務中の賃金は次のとおりとなります。 　　1　基本賃金　　225,000円 　　2　諸手当の額又は計算方法　　賃金規程○条（短時間勤務者の計算方法）による (5) 賞与及び退職金の算定に当たっては、短時間勤務期間中も通常勤務をしたものとみなして計算します。
3　その他	お子さんを養育しなくなる、家族を介護しなくなる等あなたの勤務に重大な変更をもたらす事由が発生したときは、なるべくその日に総務部人事課あて電話連絡をしてください。この場合の通常勤務の開始日については、事由発生後2週間以内の日を会社と話し合って決定していただきます。

（3）育児を行う労働者の所定外労働の制限

　3歳に満たない子を養育する労働者（日雇労働者を除く）から請求があった場合、事業の正常な運営を妨げる場合を除き、所定労働時間を超えて労働させてはいけません（育児・介護休業法第16条の8）。

　例えば所定労働時間が7時間（←法定労働時間＝8時間より短い）の場合、7時間を超えて労働させてはいけないということを意味します。

　事業の正常な運営を妨げるかどうかについては、その労働者の担当する作業の内容や代替要員配置の難しさといった諸般の事情を考慮して客観的に判断されます。よって単に所定外労働が事業の運営上必要であるとの理由だけで拒むことは難しいとされています。

　なお、労使協定を締結すれば、

① 　入社1年未満の労働者

② 　1週間の所定労働日数が2日以下の労働者

については対象外とすることが可能です。

　労働者は、開始日および終了日等を記載した「育児のための所定外労働制限請求書」を開始予定日の1カ月前までに会社に提出します。請求は何回でもすることができますが、1カ月以上1年以内の期間で開始日と終了日を設定します。

　会社は、労働者に対して請求に係る子の出生等を証明する書類の提出を求めることができます。

　所定労働時間の短縮措置が適用されている期間と重複してこの請求をすることも可能ですが、後述の時間外労働の制限の請求期間とは重複しないようにしなければなりません。

〔育児・介護〕のための所定外労働制限請求書

株式会社雀企画
代表取締役社長　雀田　邦親　殿

[請求日] 令和7年2月20日
[請求者] 所属　広報部第一G
　　　　　氏名　雀　鷹子

　私は、育児・介護休業等に関する規則（第16条）に基づき、下記のとおり〔育児・介護〕のための所定外労働の制限を請求します。

記

		〔育児〕	〔介護〕
1　請求に係る家族の状況	(1) 氏名	雀　雛子	
	(2) 生年月日	令和5年6月2日	
	(3) 本人との続柄	長女	
	(4) 養子の場合、縁組成立の年月日		
	(5) (1)の子が、特別養子縁組の監護期間中の子・養子縁組里親に委託されている子・養育里親として委託された子の場合、その手続きが完了した年月日		
	(6) 介護を必要とする理由		
2　育児の場合、1の子が生まれていない場合の出産予定者の状況	(1) 氏名 (2) 出産予定日 (3) 本人との続柄		
3　制限の期間	令和7年4月1日から令和8年3月31日まで		
4　請求に係る状況	制限開始予定日の1か月前に請求をして いる・いない → 請求が遅れた理由 〔　　　　　　　　　　　　　　　　　〕		

（4）育児を行う労働者の時間外労働の制限

　小学校就学の始期に達するまでの子を養育する労働者（日雇労働者、入社1年未満の労働者、1週間の所定労働日数が2日以下の労働者を除く）から請求があった場合、事業の正常な運営を妨げる場合を除き、1カ月について24時間、1年について150時間を超える時間外労働をさせてはいけません（育児・介護休業法第17条）。

　時間外労働とは法定（1日8時間）を超える労働をいい、36協定で定めた時間外労働時間の上限と比較して短いほう（少ない時間数のほう）が優先されます。

　事業の正常な運営を妨げるかどうかの考え方については所定外労働の制限と同じです。

　労働者は、開始日および終了日等を記載した「育児のための時間外労働制限請求書」を開始予定日の1カ月前までに会社に提出します。請求は何回でもすることができますが、1カ月以上1年以内の期間で開始日と終了日を設定します。

　会社は、労働者に対して請求に係る子の出生等を証明する書類の提出を求めることができます。

　労働者からの請求期間が1年未満の場合には、その請求期間内において150時間を超えないようにしなければなりませんが、6カ月以下の場合は24時間×月数がその請求期間内の上限時間数となります。例えば請求期間が5カ月の場合は、各月24時間まで、期間内トータルで120時間までとなります。

〔育児・介護〕のための時間外労働制限請求書

株式会社雀企画
代表取締役社長　　雀田　邦親　　殿

[請求日] 令和8年2月20日
[請求者] 所属　広報部第一G
　　　　　氏名　雀　鷹子

　私は、育児・介護休業等に関する規則（第17条）に基づき、下記のとおり〔育児・介護〕のための時間外労働の制限を請求します。

記

1 請求に係る家族の状況		〔育児〕	〔介護〕
	(1) 氏名	雀　雛子	
	(2) 生年月日	令和5年6月2日	
	(3) 本人との続柄	長女	
	(4) 養子の場合、縁組成立の年月日		
	(5) (1)の子が、特別養子縁組の監護期間中の子・養子縁組里親に委託されている子・養育里親として委託された子の場合、その手続きが完了した年月日		
	(6) 介護を必要とする理由		
2 育児の場合、1の子が生まれていない場合の出産予定者の状況	(1) 氏名 (2) 出産予定日 (3) 本人との続柄		
3 制限の期間	令和8年4月1日から令和9年3月31日まで		
4 請求に係る状況	制限開始予定日の1か月前に請求をして いる・いない → 請求が遅れた理由 〔　　　　　　　　　　　　　　　　　　　　　　　〕		

（5）育児を行う労働者の深夜業の制限

　小学校就学の始期に達するまでの子を養育する労働者が、その子を養育するために請求した場合においては、事業の正常な運営を妨げる場合を除き、午後10時から午前5時までの間（以下「深夜」といいます。）において労働させてはなりません（育児・介護休業法第19条）。

　ただし、次のような労働者は請求ができません。
① 　日雇労働者
② 　入社1年未満の労働者
③ 　深夜において常態として当該子の保育をすることのできる同居の家族※がいる労働者
　　※深夜に就業していない16歳以上の同居家族であって心身ともに保育をすることができる状況にある者をいい、産前6週間（多胎妊娠の場合は14週間）以内または産後8週間以内の者は含まれません。
④ 　1週間の所定労働日数が2日以下の労働者
⑤ 　所定労働時間の全部が深夜にある労働者

　事業の正常な運営を妨げるかどうかの考え方については前述の通りです。

　労働者は、開始日および終了日等を記載した「育児のための深夜業制限請求書」を開始予定日の1カ月前までに会社に提出します。請求は何回でもすることができますが、1カ月以上6カ月以内の期間で開始日と終了日を設定します。
　会社は、労働者に対して請求に係る子の出生等を証明する書類の提出を求めることができます。

〔育児〕介護〕のための深夜業制限請求書

株式会社雀企画
代表取締役社長　　雀田　邦親　　殿

　　　　　　　　　　　　　　　　　　　〔請求日〕令和 6 年 6 月 10 日
　　　　　　　　　　　　　　　　　　　〔請求者〕所属　経理部経理課
　　　　　　　　　　　　　　　　　　　　　　　　氏名　鷲尾　千鶴

　私は、育児・介護休業等に関する規則（第 18 条）に基づき、下記のとおり〔育児〕介護〕のための深夜業の制限を請求します。

記

		〔育児〕	〔介護〕
1　請求に係る家族の状況	(1) 氏名	鷲尾　つぐみ	
	(2) 生年月日	令和 5 年 7 月 20 日	
	(3) 本人との続柄	長女	
	(4) 養子の場合、縁組成立の年月日		
	(5) (1)の子が、特別養子縁組の監護期間中の子・養子縁組里親に委託されている子・養育里親として委託された子の場合、その手続きが完了した年月日		
	(6) 介護を必要とする理由		
2　育児の場合、1 の子が生まれていない場合の出産予定者の状況	(1) 氏名 (2) 出産予定日 (3) 本人との続柄		
3　制限の期間	令和 6 年 7 月 22 日から 6 年 12 月 31 日まで		
4　請求に係る状況	(1) 制限開始予定日の 1 か月前に請求をして 　いる・いない → 請求が遅れた理由 　〔　　　　　　　　　　　　　　　　　　　　〕 (2) 常態として 1 の子を保育できる又は 1 の家族を介護できる 16 歳以上の同居の親族が 　いる・いない		

（6）子の看護休暇制度

　小学校就学前の子を養育する労働者（日雇労働者を除く）は申出により、1年度におい
て5日（養育する小学校就学の始期に達するまでの子が2人以上の場合は10日）を限度
として、子の看護休暇を取得することができます（育児・介護休業法第16条の2）。

　年度とは、会社が特に定めをしない場合には毎年4月1日から翌年3月31日となりま
す。

　病気や怪我をした子の看護や予防接種等を受けさせるといった、子どもの世話をするた
めの休暇で、1日単位または時間単位で取得することができます。

　時間単位での取得は、始業の時刻から連続し、または終業の時刻まで連続すればよく、
法令上はいわゆる「中抜け」を認めることまでは求められていません（法を上回る措置と
して「中抜け」を認めるのは可。）。

　子の看護休暇を有給とするか無給とするかは会社の定めによります。

　なお、労使協定を締結すれば、

　①　入社6カ月未満の労働者

　②　1週間の所定労働日数が2日以下の労働者

については対象外とすることが可能です。

　時間単位で取得する場合の「時間」は1日の所定労働時間数に満たない範囲とします。
休暇を取得する日の所定労働時間数と同じ時間数を取得する場合は1日単位での取得とし
て取り扱います。日によって所定労働時間数が異なる場合は子の看護休暇を取得しようと
する日の所定労働時間数をいいます。

　時間単位で取得する子の看護休暇1日分の時間数は、1日の所定労働時間数とし、1時
間に満たない端数がある場合は、端数を切り上げます（例：7.5時間⇒8時間）。

　日によって所定労働時間数が異なる場合の1日の所定労働時間数の定め方は、1年間に
おける1日の平均所定労働時間数とします。

日によって所定労働時間数が異なる労働者の場合

○前提○
1日の平均所定労働時間数**7時間**、①〜④とも5日の看護休暇が取得可能

①休暇を取得する日の
　所定労働時間が
　6時間の場合

← 所定労働時間数 6時間 →
1日（6時間）休む

看護休暇：1日
残日数：4日

②休暇を取得する日の
　所定労働時間が
　8時間の場合

← 所定労働時間数 8時間 →	
6時間休む	出勤 2時間

看護休暇：6時間
残日数：4日＋1時間※

↑　※7時間−6時間

③休暇を取得する日の
　所定労働時間が
　8時間の場合

← 所定労働時間数 8時間 →
8時間休む

看護休暇：1日
残日数：4日

④休暇を取得する日の
　所定労働時間が
　10時間の場合

← 所定労働時間数 10時間 →	
8時間休む	出勤 2時間

看護休暇：8時間 ←7時間（1日）＋1時間
残日数：3日＋6時間

子の看護休暇・介護休暇の時間単位での取得に関するQ＆A（厚生労働省）を基に作成

　また、年度の途中で労働者の所定労働時間数の変更があり、残っている子の看護休暇に時間単位の部分がある場合は、所定労働時間の変更に比例してその時間数が変更になります。

　例：1日の所定労働時間数が8時間、子の看護休暇の残りが3日と3時間の労働者の
　　　1日の所定労働時間数が5時間となった場合
　　　⇒3日（1日あたり5時間）と2時間（3時間×8分の5、端数切り上げ）

　急な発熱などの突発的な事態に対応できるよう当日の口頭による申出も認める必要があります。その場合、子の看護休暇申出書は事後に速やかに提出してもらうようにします。

〔(子の看護休暇)・介護休暇〕申出書

株式会社雀企画
代表取締役社長　　雀田　邦親　　殿

[申出日] 令和6年8月20日
[申出者] 所属　広報部第一G
　　　　　氏名　雀　鷹子

　私は、育児・介護休業等に関する規則（第14条及び第15条）に基づき、下記のとおり
〔(子の看護休暇)・介護休暇〕の申出をします。

記

		〔子の看護休暇〕	〔介護休暇〕
1　申出に係る家族の状況	(1) 氏名	雀　雛子	
	(2) 生年月日	令和5年6月2日	
	(3) 本人との続柄	長女	
	(4) 養子の場合、縁組成立の年月日		
	(5) (1)の子が、特別養子縁組の監護期間中の子・養子縁組里親に委託されている子・養育里親として委託された子の場合、その手続きが完了した年月日		
	(6) 介護を必要とする理由		
2　申出理由	子供が発熱し看護が必要だったため。		
3　取得する日	令和6年8月19日　9　時00分から 令和6年8月19日　16　時00分まで		
4　備考	令和6年4月1日～令和7年3月31日（1年度）の期間において		

令和6年4月1日～令和7年3月31日（1年度）の期間において

育児　対象　1人　5日	介護　対象　　人　　日
取得済日数・時間数　　0日　0時間	取得済日数・時間数　　日　　時間
今回申出日数・時間数　1日　0時間	今回申出日数・時間数　　日　　時間
残日数・残時間数　　　4日　0時間	残日数・残時間数　　　日　　時間

（注1）当日、電話などで申し出た場合は、出勤後すみやかに提出してください。
　　　　3については、複数の日を一括して申し出る場合には、申し出る日をすべて記入してください。
（注2）子の看護休暇の場合、取得できる日数は、小学校就学前の子が1人の場合は年5日、2人以上の場合は年10日となります。時間単位で取得できます。
　　　　介護休暇の場合、取得できる日数は、対象となる家族が1人の場合は年5日、2人以上の場合は年10日となります。時間単位で取得できます。

◇育児介護休業等に関する労使協定の例（厚生労働省）

① 以下のような労使協定を締結することにより、育児・介護休業、子の看護休暇、介護休暇、所定外労働の制限、短時間勤務の対象者を限定することが可能です。労使協定については、労働基準監督署長への届出は不要です。
② 労使協定とは、事業所ごとに労働者の過半数で組織する労働組合があるときはその労働組合、労働者の過半数で組織する労働組合がないときは、労働者の過半数を代表する者と事業主との書面による協定をいいます。
③ 出生時育児休業は、省令で定める雇用環境整備の取組実施を労使協定で定めた場合に限り、申出期限を2週間超〜1か月の範囲内で労使協定で定める期限とすることが可能です。以下の例のほかにも対象となる取組があります（14頁参照）。自社の状況を分析し、自社に適した取組を行ってください。
④ 労使協定の締結がなければ、出生時育児休業中の就業はできません。就業可能な部署等を労使協定で限定することも可能です。休業中の就業を強制する等、労働者の意に反して就業させてはいけません。
⑤ 子の看護休暇、介護休暇を時間単位で取得することが困難と認められる労働者については、労使協定により適用除外とすることができます。
⑥ 育児短時間勤務の申出を拒むことができる労働者について、このほかにも一定の範囲で規定することができます。

○○株式会社と□□労働組合は、○○株式会社における育児・介護休業等に関し、次のとおり協定する。

（育児休業の申出を拒むことができる従業員）
第1条　事業所長は、次の従業員から1歳（法定要件に該当する場合は1歳6か月又は2歳）に満たない子を養育するための育児休業の申出があったときは、その申出を拒むことができるものとする。
　一　入社1年未満の従業員
　二　申出の日から1年（法第5条第3項及び第4項の申出にあっては6か月）以内に雇用関係が終了することが明らかな従業員
　三　1週間の所定労働日数が2日以下の従業員
2　事業所長は、次の従業員から出生時育児休業の申出があったときは、その申出を拒むことができるものとする。
　一　入社1年未満の従業員
　二　申出の日から8週間以内に雇用関係が終了することが明らかな従業員
　三　1週間の所定労働日数が2日以下の従業員

（介護休業の申出を拒むことができる従業員）
第2条　事業所長は、次の従業員から介護休業の申出があったときは、その申出を拒むことができるものとする。
　一　入社1年未満の従業員
　二　申出の日から93日以内に雇用関係が終了することが明らかな従業員
　三　1週間の所定労働日数が2日以下の従業員

（子の看護休暇の申出を拒むことができる従業員）
第3条　事業所長は、次の従業員から子の看護休暇の申出があったときは、その申出を拒むことができるものとする。
　一　入社6か月未満の従業員
　二　1週間の所定労働日数が2日以下の従業員

（介護休暇の申出を拒むことができる従業員）
第4条　事業所長は、次の従業員から介護休暇の申出があったときは、その申出を拒むことができるものとする。
　一　入社6か月未満の従業員
　二　1週間の所定労働日数が2日以下の従業員

（育児・介護のための所定外労働の制限の請求を拒むことができる従業員）
第5条　事業所長は、次の従業員から所定外労働の制限の請求があったときは、その請求を拒むことができるものとする。
　一　入社1年未満の従業員
　二　1週間の所定労働日数が2日以下の従業員

（育児短時間勤務の申出を拒むことができる従業員）
第6条　事業所長は、次の従業員から育児短時間勤務の申出があったときは、その申出を拒むことができるものとする。
　一　入社1年未満の従業員
　二　週の所定労働日数が2日以下の従業員

（介護短時間勤務の申出を拒むことができる従業員）
第7条　事業所長は、次の従業員から介護短時間勤務の申出があったときは、その申出を拒むことができるものとする。
　一　入社1年未満の従業員
　二　1週間の所定労働日数が2日以下の従業員

（従業員への通知）
第8条　事業所長は、第1条から第7条までのいずれかの規定により従業員の申出を拒むときは、その旨を従業員に通知するものとする。

（出生時育児休業の申出期限）
第9条　事業所長（三を除く。）は、出生時育児休業の申出が円滑に行われるよう、次の措置を講じることとする。その場合、事業所長は、出生時育児休業の申出期限を出生時育児休業を開始する日の1か月前までとすることができるものとする。
　一　全従業員に対し、年1回以上、育児休業制度（出生時育児休業含む。以下同じ。）の意義や制度の内容、申請方法等に関する研修を実施すること（注1）。
　二　育児休業に関する相談窓口を各事業所の人事担当部署に設置し、事業所内の従業員に周知すること。
　三　育児休業について、○○株式会社として、毎年度「男性労働者の取得率○％以上　取得期間平均○か月以上」「女性労働者の取得率○％以上」を達成することを目標とし、この目標及び育児休業の取得の促進に関する方針を社長から従業員に定期的に周知すること。また、男性労働者の取得率や期間の目標については、達成状況を踏まえて必要な際には上方修正を行うことについて労使間で協議を行うこと（注2）。
　四　育児休業申出に係る労働者の意向について、各事業所の人事担当部署から、当該労働者に書面を交付し回答を求めることで確認する措置を講じた上で、労働者から回答がない場合には、再度当該労働者の意向確認を実施し、当該労働者の意向の把握を行うこと。

（出生時育児休業中の就業）
第10条　出生時育児休業中の就業を希望する従業員は、就業可能日等を申出ることができるものとする。

（有効期間）
第11条　本協定の有効期間は、○年○月○日から○年○月○日までとする。ただし、有効期間満了の1か月前までに、会社、組合いずれからも申出がないときには、更に1年間有効期間を延長するものとし、以降も同様とする。

　○年○月○日　○○株式会社　　代表取締役　○○○○　　□□労働組合　　執行委員長　○○○○

（注1）　研修の対象は全労働者が望ましいですが、少なくとも管理職については対象とすることが必要です。
（注2）　数値目標の設定に当たっては、育児休業の取得率のほか当該企業における独自の育児目的の休暇制度を含めた取得率等を設定すること等も可能ですが、少なくとも男性の取得状況に関する目標を設定することが必要です。

（1）標準報酬月額改定の特例

　産前産後休業や育児休業を終了し職場復帰すると、育児短時間勤務制度などを利用することが多くなりますが、休業前より勤務時間が短くなることによって給与も少なくなってしまうことがあります。このとき、社会保険料が月変（随時改定）要件に該当しなければ休業前の高いままの保険料額となってしまい、給与の手取り額が減ってしまう結果となります。

　そこで、労働者本人が希望すれば月変よりも緩い要件で社会保険料の負担を軽くする特例が設けられており、産前産後休業終了時改定（産休明けに復帰した場合）、育児休業終了時改定（育休明けに復帰した場合）などといわれています。

　「産前産後休業終了時報酬月額変更届」「育児休業終了時報酬月額変更届」を年金事務所、健康保険組合に提出します。

　育児休業終了時改定とは育児・介護休業法による育児休業等終了日に3歳未満の子を養育している被保険者からの申出により、休業前と終了後の標準報酬月額に1等級以上の差があり、給与計算の基礎日数が17日（特定適用事業所勤務の短時間労働者の場合は11日）以上の月が1カ月以上ある場合に、標準報酬月額の改定が行われるというものです。通常の月変（随時改定）とは異なり、固定的賃金の変動がなくても構いません。

　標準報酬月額は休業終了日の翌日が属する月以後3カ月で、給与計算の基礎日数が17日（特定適用事業所勤務の短時間労働者の場合は11日）以上ある月の給与の平均額に基づいて算出され、4カ月目から改定されます。

　改定された標準報酬月額は、改定が1月～6月に行われた場合はその年の8月まで、7月～12月までに行われた場合は翌年の8月まで適用されます。

　標準報酬月額が下がれば保険料額も下がるわけですが、この標準報酬月額は年金額や傷病手当金額の算出のベースとなるものです。年金については後述の「養育特例」を申し出れば従前の標準報酬月額のままの計算とすることができますが、健康保険については特例の仕組みはありませんので注意してください。

（産前産後または育児）休業 終了時改定	通常の月変（随時改定）
・ 固定的賃金の変動がなくても可 ・ 復帰月以後３カ月間のうち給与計算の 　基礎日数が 17 日（特定適用事業所勤 　務の短時間労働者の場合は 11 日）以 　上の月があること ・ 従前に比べ１等級以上の差があること ・ 本人が希望しなければ改定しない	・ 基本給などの固定的賃金の変動がある 　こと ・ 固定的賃金変動月以後３カ月間全てに 　給与計算の基礎日数が 17 日（特定適 　用事業所勤務の短時間労働者の場合は 　11 日）以上あること ・ 従前に比べ２等級以上の差があること ・ 要件に該当すれば改定

育児休業等終了時報酬月額変更届の提出（日本年金機構ホームページ）

https://www.nenkin.go.jp/service/kounen/hokenryo/menjo/ikuji-menjo/20150407.html

産前産後休業終了時報酬月額変更届の提出（日本年金機構ホームページ）

https://www.nenkin.go.jp/service/kounen/hokenryo/menjo/sankyu-menjo/20140327-01.html

育児休業等終了時報酬月額変更届の記載例

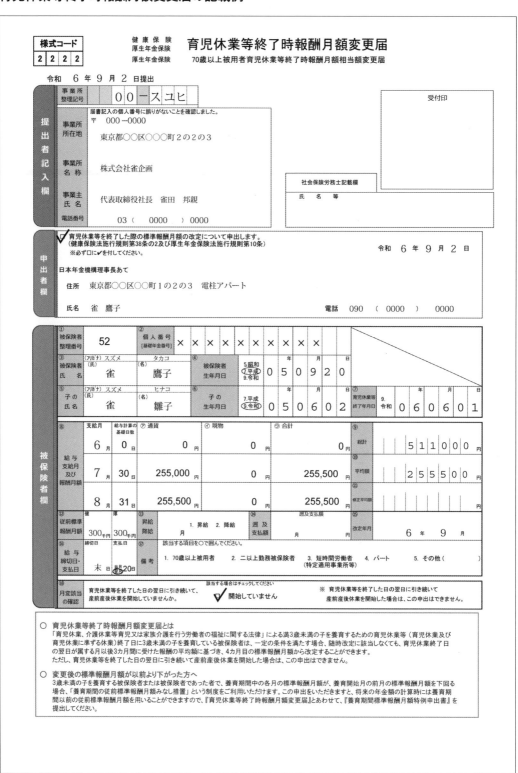

○ 育児休業等終了時報酬月額変更届とは
「育児休業、介護休業等育児又は家族介護を行う労働者の福祉に関する法律」による満3歳未満の子を養育するための育児休業等（育児休業及び育児休業に準ずる休業）終了日に3歳未満の子を養育している被保険者は、一定の条件を満たす場合、随時改定に該当しなくても、育児休業終了日の翌日が属する月以後3カ月間に受けた報酬の平均額に基づき、4カ月目の標準報酬月額から改定することができます。
ただし、育児休業等を終了した日の翌日に引き続いて産前産後休業を開始した場合は、この申出はできません。

○ 変更後の標準報酬月額が以前より下がった方へ
3歳未満の子を養育する被保険者または被保険者であった者で、養育期間中の各月の標準報酬月額が、養育開始月の前月の標準報酬月額を下回る場合、「養育期間の従前標準報酬月額みなし措置」という制度をご利用いただけます。この申出をいただきますと、将来の年金額の計算時には養育期間以前の従前標準報酬月額を用いることができますので、『育児休業等終了時報酬月額変更届』とあわせて、『養育期間標準報酬月額特例申出書』を提出してください。

（2）養育期間の従前標準報酬月額のみなし措置

　3歳未満の子を養育する被保険者の養育期間中の標準報酬月額が養育開始前の標準報酬月額を下回る場合、将来の年金額に影響しないよう、従前の標準報酬月額に基づく年金額を受け取ることができる特例が設けられています。

　養育開始月の前月に厚生年金保険の被保険者でない場合には、その月前1年以内の直近の被保険者であった月の標準報酬月額が従前の報酬月額とみなされます。その月前1年以内に被保険者期間がない場合は、みなし措置は受けられません。

　被保険者からの申出により「厚生年金保険　養育期間標準報酬月額特例申出書」に戸籍謄（抄）本または戸籍記載事項証明書（申出者と子の身分関係および子の生年月日を証明できるもの）等を添付して年金事務所に提出します。

　対象となる期間は、3歳未満の子の養育開始月からその子の3歳の誕生日のある月の前月までです。

　申出日の前の期間については、申出日の前月までの2年間までしか認められませんので、忘れないうちに手続きをしたほうが安心です。

養育期間の従前標準報酬月額のみなし措置（日本年金機構ホームページ）
https://www.nenkin.go.jp/service/kounen/hokenryo/menjo/20150120.html

様式コード	
2 2 6 7	

厚生年金保険　**養育期間標準報酬月額特例**
申出書・終子届

令和 6 年 6 月 5 日提出

提出者記入欄

事業所整理記号	0 0 － ス ユ ヒ

届書記入の個人番号に誤りがないことを確認しました。

事業所所在地	〒 000－0000　東京都○○区○○○町2の2の3
事業所名称	株式会社雀企画
事業主氏名	代表取締役社長　雀田　邦親
電話番号	03（ 0000 ）0000

受付印

社会保険労務士記載欄
氏　名　等

申出者欄

この申出書(届書)記載のとおり申出(届出)します。　日本年金機構理事長あて　　　令和 6 年 6 月 5 日

住所　東京都○○区○○町1の2の3　電柱アパート

氏名　雀　鷹子

電話　090（ 0000 ）0000

共通記載欄に加え、申出の場合は A.申出 、終了の場合は B.終了 の欄にも必要事項を記入してください。
また、上部の申出者欄に記入してください。

共通記載欄

① 被保険者整理番号	52	② 被保険者個人番号[基礎年金番号]	×	×	×	×	×	×	×	×	×	×	×	×

③ 被保険者氏名	(フリガナ)(氏) スズメ　雀	(名) タカコ　鷹子	④ 被保険者生年月日	5.昭和 7.平成 9.令和	年 0 5	月 0 9	日 2 0	⑤ 被保険者性別	1. 男 2. 女
⑥ 養育する子の氏名	(フリガナ)(氏) スズメ　雀	(名) ヒナコ　雛子	⑦ 養育する子の生年月日	7.平成 9.令和	年 0 5	月 0 6	日 0 2		
⑧ 養育する子の個人番号	× × × × × × × × × × × ×								

養育特例の申出をする場合

A.申出

⑨ 過去の申出の確認	⑥の子について、初めて養育特例の申出をしますか。	1.はい 2.いいえ	⑩ 事業所の確認	現在勤務されている事業所と、⑥の子を養育し始めた月の前月に勤務していた事業所は同じ事業所ですか。	1.はい 2.いいえ
⑪ 該当月に勤務していた事業所	⑩で 2.いいえ を選択された方 ⑥の子を養育し始めた月の前月に勤務していた事業所を記入してください。（勤務していなかった場合は、過去1年以内の直近の月に勤務していた事業所を記入してください）	事業所所在地(船舶所有者住所)	〒 －		
		事業所名称(船舶所有者氏名)			

⑫ 養育開始年月日	7.平成 9.令和	年 0 5	月 0 6	日 0 2	⑬ 養育特例開始年月日	7.平成 9.令和	年 0 6	月 0 6	日 0 2	⑭ 備考	

養育特例を終了する場合

B.終了

⑮ 養育特例開始年月日	7.平成 9.令和	年	月	日	⑯ 養育特例終了年月日	7.平成 9.令和	年	月	日	⑰ 備考	

○　養育期間標準報酬月額特例とは
　子どもが3歳に達するまでの養育期間中に標準報酬月額が低下した場合、養育期間中の報酬の低下が将来の年金額に影響しないようその子どもを養育する前の標準報酬月額に基づく年金額を受け取ることができる仕組みです。具体的には被保険者の申出に基づき、より高い従前の標準報酬月額をその期間の標準報酬月額とみなして年金額を計算します。従前の標準報酬月額とは養育開始月の前月の標準報酬月額を指しますが、養育開始月の前月に厚生年金保険の被保険者でない場合には、その月前1年以内の直近の被保険者であった月の標準報酬月額が従前の報酬月額とみなされます。その月前1年以内に被保険者期間がない場合は、みなし措置は受けられません。
　（対象期間　：　3歳未満の子の養育開始月　～　養育する子の3歳誕生日のある月の前月）
※　特例措置の申出は、勤務している事業所ごとに提出してください。
　また、既に退職している場合は事業所の確認を受けずに、本人から直接提出することができます。

　育児・介護休業法の制度等の話からは少しそれますが、労働者から「就労証明書の作成をお願いします」と依頼されることがよくあります。

　就労証明書とは、保育所への入所時や入所後保育を継続する際に、働いている（そのため保育が必要である）ということを証明するための書類です。

　自治体により書類の呼び方や記載フォーマットが異なる場合がありますが、労働者からの依頼により、会社が労働者の就労実績などについて記載し証明します。

　標準的な様式については令和4年に通知（「就労証明書の標準的な様式の原則使用等について（通知）」）があり、こども家庭庁のホームページにも関連情報が掲載されていますが、記載（依頼）にあたっては各自治体等の最新情報（およびフォーマット）を必ず確認しましょう。

その他

- 就労証明書の標準的な様式について（周知）（PDF／204KB）
- 別添 就労証明書（簡易版）標準的な様式（PDF／105KB）
- 別添 就労証明書（簡易版）標準的な様式（Excel／47KB）
- 令和6年度入所分の就労証明書提出について（令和5年9月1日付け事務連絡）（PDF／203KB）
- 令和6年度就労証明書提出に関するFAQ（PDF／757KB）

こども家庭庁ホームページ画面　該当箇所
ホーム＞政策＞保育
https://www.cfa.go.jp/policies/hoiku/

就労証明書

_____ □○△ 　　　宛

証明日	西暦 2023 年 11 月 1 日	
事業所名	株式会社雀企画	
代表者名	代表取締役社長　雀田 邦親	
所在地	東京都○○区○○○町2の2の3	
電話番号	03 — 0000 — 0000	
担当者名	総務部人事課 烏丸 宏	
記載者連絡先	03 — 0000 — 0000	

下記の内容について、事実であることを証明いたします。

※本証明書の内容について、就労先事業者等に無断で作成し又は改変を行ったときには、刑法上の罪に問われる場合があります。

No.	項目	記載欄
1	業種	□農業・林業　□漁業　□鉱業・採石業・砂利採取業　□建設業　□製造業　□電気・ガス・熱供給・水道業 □情報通信業　□運輸業・郵便業　□卸売業・小売業　□金融業・保険業　□不動産業・物品賃貸業 ☑学術研究・専門・技術サービス　□宿泊業・飲食サービス業　□生活関連サービス業・娯楽業　□医療・福祉 □教育・学習支援業　□複合サービス事業　□公務　□その他（　　　　　）
2	フリガナ	スズメ タカコ
	本人氏名	雀 鷹子　　生年月日 1993 年 9 月 20 日
3	雇用(予定)期間等	☑無期 □有期　**期間**（無期の場合は雇用開始日のみ） 2016 年 4 月 1 日 ～ 　年 　月 　日
4	本人就労先事業所	名称 株式会社雀企画 住所 東京都○○区○○○町2の2の3
5	雇用の形態	☑正社員　□パート・アルバイト　□派遣社員　□契約社員　□会計年度任用職員　□非常勤・臨時職員　□役員 □自営業主　□自営業専従者　□家族従業者　□内職　□業務委託　□その他（　　　　　）
6	就労時間（固定就労の場合）	月☑ 火☑ 水☑ 木☑ 金☑ 土□ 日□ 祝日□　合計時間 月間 180 時間 0 分（うち休憩時間 1200 分） 一月当たりの就労日数 月間 　日　一週当たりの就労日数 週間 5 日 平日 9 時 0 分 ～ 18 時 0 分（うち休憩時間 60 分） 土曜 　時 　分 ～ 　時 　分（うち休憩時間 　分） 日祝 　時 　分 ～ 　時 　分（うち休憩時間 　分）
	就労時間（変則就労の場合）	合計時間 □月間 □週間 　時間 　分（うち休憩時間 　分） 就労日数 □月間 □週間 　日 主な就労時間帯・シフト時間帯 　時 　分 ～ 　時 　分（うち休憩時間 　分）
7	就労実績※日数に有給休暇を含み、時間数に休憩・残業時間を含む	年月 2023 年 4 月　15 日/月　140 時間/月　｜年月 2023 年 3 月　22 日/月　208 時間/月　｜年月 2023 年 2 月　19 日/月　181 時間/月
8	産前・産後休業の取得※取得予定を含む	□取得予定 □取得中 期間 2023 年 4 月 22 日 ～ 2023 年 7 月 28 日
9	育児休業の取得※取得予定を含む	□取得予定 ☑取得中 □取得済み 期間 2023 年 7 月 29 日 ～ 2024 年 6 月 1 日
10	産休・育休以外の休業の取得	□取得予定 □取得中 □取得済み　理由 □介護休業 □病休 □その他（　　　　　） 期間 　年 　月 　日 ～ 　年 　月 　日
11	復職(予定)年月日	☑復職予定 □復職済み　2024 年 4 月 1 日
12	育児のための短時間勤務制度利用有無※取得予定を含む	☑取得予定 □取得中　期間 2024 年 4 月 1 日 ～ 2025 年 3 月 31 日 主な就労時間帯・シフト時間帯 9 時 0 分 ～ 16 時 0 分（うち休憩時間 60 分）
13	保育士等としての勤務実態の有無	□有　□有(予定)　☑無
14	備考欄	

追加的記載項目欄

06 その他

06-1. 妊娠・出産・育児休業等を理由とする不利益取扱いの禁止

（1）妊娠・出産等を理由とする不利益取扱いの禁止

　男女雇用機会均等法第９条第３項では、女性労働者の妊娠・出産等に関する事由を理由とする解雇その他不利益取扱いを禁止しています。

　妊娠・出産に関する事由については厚生労働省令で定められており、以下の通りです。

1　妊娠したこと
2　出産したこと
3　母性健康管理措置を求め、または当該措置を受けたこと
4　坑内業務の就業制限もしくは危険有害業務の就業制限の規定により業務に就くことができないこと、坑内業務に従事しない旨の申出もしくは就業制限の業務に従事しない旨の申出をしたことまたはこれらの業務に従事しなかったこと
5　産前休業を請求し、もしくは産前休業をしたことまたは産後の就業制限の規定により就業できず、もしくは産後休業をしたこと
6　軽易な業務への転換を請求し、または軽易な業務に転換したこと
7　事業場において変形労働時間制がとられる場合において１週間または１日について法定労働時間を超える時間について労働しないことを請求したこと、時間外もしくは休日について労働しないことを請求したこと、深夜業をしないことを請求したことまたはこれらの労働をしなかったこと
8　育児時間の請求をし、または育児時間を取得したこと
9　つわりや出産後の回復不全等、妊娠または出産に起因する症状により労務の提供ができないこともしくはできなかったことまたは労働能率が低下したこと

　禁止される不利益取扱いの具体的内容については「労働者に対する性別を理由とする差別の禁止等に関する規定に定める事項に関し、事業主が適切に対処するための指針」に例

示されています。

イ　解雇すること

ロ　期間を定めて雇用される者について、契約の更新をしないこと

ハ　あらかじめ契約の更新回数の上限が明示されている場合に、当該回数を引き下げること

ニ　退職またはいわゆる正規雇用労働者をパートタイム労働者等のいわゆる非正規雇用労働者とするような労働契約内容の変更の強要を行うこと

ホ　降格させること

ヘ　就業環境を害すること

ト　不利益な自宅待機を命ずること

チ　減給をし、または賞与等において不利益な算定を行うこと

リ　昇進・昇格の人事考課において不利益な評価を行うこと

ヌ　不利益な配置の変更を行うこと

ル　派遣労働者として就業する者について、派遣先が当該派遣労働者に係る労働者派遣の役務の提供を拒むこと

（2）育児休業の申出・取得等を理由とする不利益取扱いの禁止

　育児・介護休業法第10条等では、育児休業等の申出・取得等を理由とする解雇その他不利益な取扱いを禁止しています。

【不利益取扱いの禁止の対象となる制度等】
　・育児休業
　・出生時育児休業（産後パパ育休）
　・子の看護休暇
　・所定外労働の制限
　・時間外労働の制限
　・深夜業の制限
　・所定労働時間の短縮措置
　・始業時刻変更等の措置
　・本人または配偶者の妊娠・出産等の申出
　・出生時育児休業期間中の就業を申出・同意しなかったこと等

禁止される不利益取扱いの具体的内容については「子の養育又は家族の介護を行い、又は行うこととなる労働者の職業生活と家庭生活との両立が図られるようにするために事業主が講ずべき措置等に関する指針」に例示されています。

イ　解雇すること

ロ　期間を定めて雇用される者について、契約の更新をしないこと

ハ　あらかじめ契約の更新回数の上限が明示されている場合に、当該回数を引き下げること

ニ　退職またはいわゆる正規雇用労働者をパートタイム労働者等のいわゆる非正規雇用労働者とするような労働契約内容の変更の強要を行うこと

ホ　自宅待機を命ずること

ヘ　労働者が希望する期間を超えて、その意に反して所定外労働の制限、時間外労働の制限、深夜業の制限または所定労働時間の短縮措置等を適用すること

ト　降格させること

チ　減給をし、または賞与等において不利益な算定を行うこと

リ　昇進・昇格の人事考課において不利益な評価を行うこと

ヌ　不利益な配置の変更を行うこと

ル　就業環境を害すること

ヲ　派遣労働者として就業する者について、派遣先が当該派遣労働者に係る労働者派遣の役務の提供を拒むこと

06-2. 職場における妊娠・出産・育児休業等に関するハラスメントの防止

（1）職場における妊娠・出産・育児休業等に関するハラスメントとは

職場における妊娠・出産・育児休業等に関するハラスメントとは、職場の上司・同僚の言動（妊娠・出産したこと、育児休業等の利用に関する言動）により、妊娠・出産した女性労働者や育児休業等を申出・取得した労働者の就業環境が害されることをいい、「制度等の利用への嫌がらせ型」と「状態への嫌がらせ型」があります。

男女雇用機会均等法第11条の3および育児・介護休業法第25条では、これらのハラスメントについて会社に防止措置を講じることを義務づけています。

「制度等の利用への嫌がらせ型」とは？

　　　次に掲げる制度または措置（制度等）の利用に関する言動により就業環境が害されるものをいいます。

① 男女雇用機会均等法が対象とする制度または措置
　産前休業／母性健康管理措置／軽易業務への転換／変形労働時間制での法定労働時間を超える労働時間の制限、時間外労働・休日労働の制限、深夜業の制限／育児時間／坑内業務の就業制限、危険有害業務の就業制限
② 育児・介護休業法が対象とする制度または措置
　育児休業（出生時育児休業を含む）／子の看護休暇／所定外労働の制限／時間外労働の制限／深夜業の制限／育児のための所定労働時間の短縮措置／始業時刻変更等の措置

　産前休業の取得を上司に相談したら退職するように言われた、短時間勤務制度の利用意向を知った同僚から請求しないように繰り返し言われた等々、解雇その他不利益な取り扱いを示唆したり、制度等の利用を阻害するようなものはハラスメントに該当します。

　制度等を利用したことにより嫌がらせ等（言動、業務に従事させない、もっぱら雑務に従事させる等）を受け、就業をする上で看過できない程度の支障が生じている場合についても同様です。

　労働者の事情やキャリアを考慮して、育児休業等からの早期の職場復帰を促すこと自体は制度等の利用が阻害されるものに該当しませんが、職場復帰のタイミングはあくまで労働者の選択に委ねられるべきものですので、早期の職場復帰を強要し、制度等の利用を阻害するような場合はハラスメントに該当します。

「状態への嫌がらせ型」とは？

　　　女性労働者が妊娠したこと、出産したこと等に関する言動により就業環境が害されるものをいい、対象となる事由として以下のものが挙げられます。

① 妊娠したこと
② 出産したこと
③ 産後の就業制限の規定により就業できず、または産後休業をしたこと
④ つわりや出産後の回復不全等、妊娠または出産に起因する症状により労務の提供ができないこともしくはできなかったことまたは労働能率が低下したこと

⑤　坑内業務の就業制限もしくは危険有害業務の就業制限の規定により業務に就くことができないことまたはこれらの業務に従事しなかったこと

　なお、業務分担や安全配慮等の観点から、客観的にみて業務上の必要性に基づく言動によるものはハラスメントには該当しません。例えば、妊婦本人にはこれまでどおり勤務を続けたいという意欲があるものの、客観的にみて体調の悪い場合などに業務量や業務内容の見直しといった配慮を示すことは業務上の必要性に基づく言動となります。

（2）職場における妊娠・出産・育児休業等に関するハラスメント防止のために講ずべき措置

　職場における妊娠・出産・育児休業等に関するハラスメントを防止するために、事業主が雇用管理上講ずべき措置として、以下のような項目が厚生労働大臣の指針（事業主が職場における妊娠、出産等に関する言動に起因する問題に関して雇用管理上講ずべき措置についての指針／子の養育又は家族の介護を行い、又は行うこととなる労働者の職業生活と家庭生活との両立が図られるようにするために事業主が講ずべき措置等に関する指針）に定められています。

①　職場における妊娠、出産、育児休業等に関するハラスメントに対する事業主の方針の明確化、労働者に対するその方針の周知・啓発
- 「職場における妊娠、出産、育児休業等に関するハラスメントの内容」「妊娠、出産、育児休業等に関する否定的な言動が職場における妊娠、出産、育児休業等に関するハラスメントの発生の原因や背景となり得ること」「職場における妊娠、出産、育児休業等に関するハラスメントを行ってはならない旨の方針」「制度等の利用ができること」を明確化し、管理監督者を含む労働者に周知・啓発すること
- 職場における妊娠、出産、育児休業等に関するハラスメントに係る言動を行った者については厳正に対処する旨の方針および対処の内容を就業規則その他の職場における服務規律等を定めた文書に規定し、管理監督者を含む労働者に周知・啓発すること

②　相談（苦情を含む）に応じ、適切に対応するために必要な体制の整備
　　相談窓口を予め定め労働者に周知するとともに、相談窓口の担当者が相談の内容や状況に応じ適切に対応できるような仕組みづくりも必要です。外部機関への相談委託でも構いません。

③　職場における妊娠、出産、育児休業等に関するハラスメントへの事後の迅速かつ適切な対応

STEP 1：事実関係を迅速かつ正確に確認する

STEP 2：職場における妊娠、出産、育児休業等に関するハラスメントが生じた事実が確認できた場合においては、速やかに被害を受けた労働者に対する配慮のための措置を適正に行う

STEP 3：職場における妊娠、出産、育児休業等に関するハラスメントが生じた事実が確認できた場合においては、行為者に対する措置を適正に行う

STEP 4：改めて職場における妊娠、出産、育児休業等に関するハラスメントに関する方針を周知・啓発する等の再発防止に向けた措置を講ずる

※職場における妊娠、出産、育児休業等に関するハラスメントが生じた事実が確認できなかった場合においても、同様の措置を講ずる

④　職場における妊娠、出産、育児休業等に関するハラスメントの原因や背景となる要因を解消するための措置

　　ハラスメント発生の原因や背景となり得る否定的な言動の要因のひとつとして、妊娠等をした労働者の周囲の労働者の業務負担の増大や業務の偏りに対する不満が挙げられます。

　　会社は、妊娠等した労働者の周囲の労働者への業務の偏りを軽減するよう、適切に業務分担の見直しを行う、業務の効率化をはかるなど、妊娠等した労働者やその他の労働者の実情に応じ、業務体制の整備などの必要な措置を講じなければなりません。

⑤　①～④までの措置と併せて講ずべき措置

イ　相談者・行為者等のプライバシーを保護するために必要な措置を講じ、その旨を労働者に対して周知する

ロ　「妊娠、出産、育児休業等に関するハラスメントの相談等」を理由として、解雇その他不利益な取扱いをされない旨を定め、労働者に周知・啓発する

※「妊娠、出産、育児休業等に関するハラスメントの相談等」とは、次のようなものが挙げられます。

- 労働者が職場における妊娠、出産、育児休業等に関するハラスメントに関し相談をしたこと
- 事実関係の確認等の事業主（会社）の雇用管理上講ずべき措置に協力したこと
- 都道府県労働局に対して相談、紛争解決の援助の求めもしくは調停の申請を行ったことまたは調停の出頭の求めに応じたこと

06-3. 育児休業取得状況の公表の義務化

　常時雇用する労働者が 1,000 人を超える会社の場合、育児休業の取得状況を毎年少なくとも 1 回公表することが義務づけられています（育児・介護休業法第 22 条の 2、令和 5 年 4 月施行）。

　厚生労働省は公表義務を課す対象を 300 人超の会社に拡大するという検討を始めており、今後法案が成立すれば公表義務の対象となる会社が増加します。

「常時雇用する労働者」とは？

　　正社員、パート、アルバイト等の名称にかかわらず、以下のいずれかに該当する労働者を指します。
① 期間の定めなく雇用されている者
② 過去 1 年以上の期間について引き続き雇用されている者または雇入れの時から 1 年以上引き続き雇用されると見込まれる者

育児休業の取得の状況とは、次のいずれかの割合のことです。
公表を行う日の属する事業年度の直前の事業年度（公表前事業年度）における、
① 男性の「育児休業等の取得率」
　　公表前事業年度に育児休業等を取得した男性労働者の数÷公表前事業年度に配偶者が出産した男性労働者の数（小数第 1 位以下切捨て）
② 男性の「育児休業等および育児を目的とした休暇の取得率」
　　公表前事業年度に育児休業等を取得した男性労働者の数および小学校就学前の子の育児を目的とした休暇を取得した男性労働者の数の合計数÷公表前事業年度に配偶者が出産した男性労働者の数（小数第 1 位以下切捨て）

　公表する割合（取得率）とあわせて、算定期間である公表前事業年度の期間および①②どちらの割合であるかについても明示します。

「育児を目的とした休暇」とは？

　　　例えば「配偶者出産休暇」のような、育児を目的とする休暇であるということが目的の中に明らかにされている休暇制度をいいます。育児休業や子の看護休暇、労働基準法上の年次有給休暇は除きます。

　カウント方法ですが、育児休業を分割して２回取得した場合や育児休業と育児を目的とした休暇制度の両方を取得した場合等であっても、当該休業や休暇が同一の子について取得したものである場合は、１人として数えます。

　また、事業年度をまたがって育児休業を取得した場合には育児休業を開始した日を含む事業年度の取得として計算します。分割して複数の事業年度において育児休業等を取得した場合には最初の育児休業等の取得のみを計算の対象とします。

　育児を目的とした休暇は、出産予定日前の期間のみ休暇を取得し、出産予定日以後に取得していない場合は計算から除外します。

　配偶者が出産した者の数（計算式の分母となるもの）が０人の場合は、割合が算出できないため「－」と表記します。

　配偶者が出産（または育児休業等を取得）していても育児・介護休業法で育児休業等の対象とならない者は計算から除外して差し支えありませんが、労使協定に基づき育児休業等の対象から除外されている者は計算に含めます。

　また、子が死亡した場合や、公表前事業年度の末日時点で育児休業等や育児を目的とした休暇制度を取得した者が退職している場合は、当該労働者は分母および分子の計算から除外します。

　公表は一般の人が閲覧できるよう、自社のホームページのほか厚生労働省のサイト「両立支援のひろば（https://ryouritsu.mhlw.go.jp/index.html）」への掲載など、インターネットの利用その他の適切な方法で行います。

　次世代育成支援対策推進法（以下「次世代法」）に基づき、「一般事業主行動計画」を策定後、計画に定めた目標を達成し、一定の基準を満たした会社は、申請を行うことによって「子育てサポート企業」として、厚生労働大臣の認定を受けることができます。

　認定基準の水準（難易度）により、「トライくるみん」「くるみん」「プラチナくるみん」に分かれていて、それぞれにマークがあります。認定を受けた会社はマークを広告等に表示し「子育てサポート企業」としてＰＲすることができます。

一般事業主行動計画とは

　　　日本の急激な少子化の進行に対応して、次代の社会を担う子どもたちの健全な育成を支援するため、次世代法に基づき、会社が従業員の仕事と子育ての両立を図るための雇用環境の整備や、子育てをしていない従業員も含めた多様な労働条件の整備などに取り組むに当たって、（１）計画期間、（２）目標、（３）目標達成のための対策およびその実施時期を定めるものです。

　くるみん等の認定を受ける・受けないにかかわらず、労働者 101 人以上の会社には、行動計画の策定・届出、公表・周知が義務づけられています。

　一般事業主行動計画の策定・届出等について（厚生労働省ホームページ）
　　https://www.mhlw.go.jp/general/seido/koyou/jisedai/index.html

　令和４年４月から、不妊治療と仕事との両立に取り組む会社には、くるみん等の認定に「プラス認定」を追加することができるようになりました。

　くるみん等の認定基準を満たした上で、プラス認定基準（４項目）を全て満たせば「くるみんプラス」「プラチナくるみんプラス」「トライくるみんプラス」のように、子育てサポート企業であることにプラスして、不妊治療と仕事との両立をサポートする企業であることもＰＲできます。

認定マーク
「くるみんプラス」

認定マーク
「プラチナくるみんプラス」

認定マーク
「トライくるみんプラス」

くるみんマーク・プラチナくるみんマーク・トライくるみんマークについて（厚生労働省ホームページ）

https://www.mhlw.go.jp/stf/seisakunitsuite/bunya/kodomo/shokuba_kosodate/kurumin/index.html

06-5. その他子育て支援制度

「出産・子育て応援交付金（ギフト）」「児童手当」など、会社が手続を行う類の制度ではありませんが、よく耳にする子育て支援制度についても少し触れておきましょう。

（1）出産・子育て応援交付金

核家族化や地域とのつながりの希薄化が進む昨今、孤立感や不安感を抱く妊婦・子育て家庭が少なくありません。全ての妊婦・子育て家庭が安心して出産・子育てができるよう、妊娠時から出産、子育てまで一貫した伴走型の相談支援と経済支援を行おうというものです。

経済支援政策の「出産・子育て応援交付金（ギフト）」は、妊娠時に妊婦1人あたり5万円相当、出産後に子ども1人あたり5万円相当を支給するもので、都道府県によってはさらに上乗せ支給がある場合もあります。

実施主体は市区町村で、申請方法や交付形態等が市区町村によって異なります。詳細については市区町村のホームページなどで確認が必要です。

（2）児童手当

　児童手当は０歳から中学校卒業まで（15歳の誕生日後の最初の３月31日まで）の児童の養育者に対して支給される手当です。子ども・子育て支援の適切な実施を図るため、父母その他の保護者が子育てについての第一義的責任を有するという基本的認識の下に、家庭等における生活の安定に寄与するとともに、次代の社会を担う児童の健やかな成長に資することを目的としています。

　本書執筆時点での支給額は下記の通りです。養育者の所得が所得上限限度額を超える場合は支給されません。

児童の年齢	児童手当の額（１人あたり月額）
３歳未満	一律 15,000 円
３歳以上小学校修了前	10,000 円（第３子以降は 15,000 円）
中学生	一律 10,000 円

　なお、「子ども未来戦略方針」（後述）の施策の１つとして児童手当の拡充が挙げられています。

　所得制限が撤廃され、支給期間についても高校生まで（18歳の誕生日後の最初の３月31日まで）延長されます。

　支給額は３歳未満については月額 15,000 円、３歳から高校生までは月額 10,000 円で、第３子以降は０歳から高校生まで月額 30,000 円となる予定です。

　2024 年度中の実施が検討されています。

（3）幼児教育・保育の無償化

　令和元年 10 月より、３歳から５歳までの全ての子どもたちの幼稚園や保育園、認定こども園などの「利用料」」が無償になる制度がスタートしました。住民税非課税世帯では０歳から２歳までの子どもたちの利用料も無償となります。

　ただし、費用の全てが無償になるというのではなく、あくまでも利用料の部分についてのみで、通園送迎費や食材料費、行事費などはこれまで通り保護者の負担となります。

　利用料についても、例えば幼稚園については月額 25,700 円が上限というように、施設

の種類によっては上限が決められている場合があります。

　また、「幼稚園の預かり保育」「認可外保育施設」などを利用する場合は、居住地の市区町村に「保育の必要性の認定」を受けるなどの要件を満たせば無償化の対象となります（ただし、月額利用料の上限あり。）。

06-6.「こども未来戦略方針」

　令和5年6月13日に「こども未来戦略方針」が閣議決定されました。

　2030年代に入るまでが少子化・人口減少に歯止めをかけるラストチャンスであるとし、若者・子育て世代の所得向上と次元の異なる少子化対策を進めていくための政策をまとめたものです。

　若い世代が結婚・子育ての将来展望を描けないこと、子育てしづらい（両立しづらい）社会環境（職場環境）があること、子育ての経済的・精神的負担感や子育て世代の不公平感が存在することが課題として挙げられ、これらを踏まえて「こども未来戦略」策定の基本理念が下記の通り掲げられています。

　　1）若い世代の所得を増やす
　　2）社会全体の構造・意識を変える
　　3）全てのこども・子育て世代を切れ目なく支援する

　今後3年間を集中取り組み期間とし、「加速化プラン」において施策を実施することとされており、全ての記載は割愛しますが、前述の児童手当の拡充や出産費用（正常分娩）の保険適用、子育て世帯への住宅支援の強化といった様々な負担軽減・支援拡充策が列挙されています。

　共働き・共育て推進の観点からは、男性の育児休業取得率を現行の政府目標（2025年までに30％）を50％までに引き上げるとし、産後の一定期間に両親ともに育児休業を取得した場合の育児休業給付の給付率を引き上げる（手取りで10割相当）としています。さらに、時短勤務時の新たな給付や3歳から小学校就学前までの子どもを持つ親が、時短勤務やテレワーク、フレックス勤務など柔軟な働き方を選べるようにする制度の検討など、育児期を通じた柔軟な働き方の推進を掲げています。

　「こども未来戦略方針」の「おわりに」の中に「今後本戦略方針の具体化を進め、年末までに戦略を策定する」と記されています。今後の動向に注目したいものです。

こども未来戦略方針

Point1 経済成長実現と少子化対策を「車の両輪」に

経済成長の実現
持続的で構造的な賃上げと人への投資・民間投資

少子化対策
経済的支援の充実

➡ 若者・子育て世代の **所得を伸ばす**

Point2 「3兆円半ば」の規模

2030年代初頭までに **倍増**

5割以上 **増**

こども家庭庁予算

+3兆円 半ば 大宗を3年で実施

こども一人当たりの家族関係支出で **OECDトップのスウェーデンに達する水準**

Point3 スピード感

今年度から	出産育児一時金の引上げ 0〜2歳の伴走型支援など
来年度から	児童手当の拡充 「こども誰でも通園制度」の取組など
さらに	先送り（段階実施）になっていた 「高等教育の更なる支援拡充」 「貧困、虐待防止、障害児・医療的ケア児支援」を前倒し

少子化対策「加速化プラン」

❶若い世代の所得を増やす

児童手当
- ☑ 所得制限撤廃　☑ 支給期間3年延長（高校卒業まで）
- ☑ 第三子以降は3万円に倍増

高等教育（大学等）
- ☑ 授業料減免（高等教育の無償化）の拡大
- ☑ 子育て期の貸与型奨学金の返済負担の緩和
- ☑ 授業料後払い制度の抜本拡充

出産
- ☑ 出産育児一時金を42万円から50万円に大幅に引上げ
- ☑ 2026年度から、出産費用の保険適用などを進める

働く子育て世帯の収入増
- ☑ 106万円の壁を超えても 手取り収入が逆転しない
- ☑ 週20時間未満のパートの方々→雇用保険の適用を拡大 自営業やフリーランスの方々→育児中の国民年金保険料を免除

住宅
- ☑ 子育て世帯が優先的に入居できる住宅 今後、10年間で計30万戸
- ☑ フラット35の金利を子どもの数に応じて優遇

❷社会全体の構造や意識を変える

育休をとりやすい職場に
- ☑ 育休取得率目標を大幅に引上げ
- ☑ 中小企業の負担には十分に配慮／助成措置を大幅に拡充

育休制度の抜本的拡充
- ☑ 3才〜小学校就学までの 「親と子のための選べる働き方制度」を創設
- ☑ 時短勤務時の新たな給付
- ☑ 産後の一定期間に男女で育休を 取得した場合の給付率を手取り10割に

❸全てのこども・子育て世帯を ライフステージに応じて切れ目なく支援

切れ目なく全ての子育て世帯を支援
- ☑ 妊娠・出産時から0〜2歳の支援を強化 伴走型支援：10万円 ＋ 相談支援
- ☑ 「こども誰でも通園制度」を創設
- ☑ 保育所：量の拡大から質の向上へ
- ☑ 貧困、虐待防止、障害児・医療的ケア児

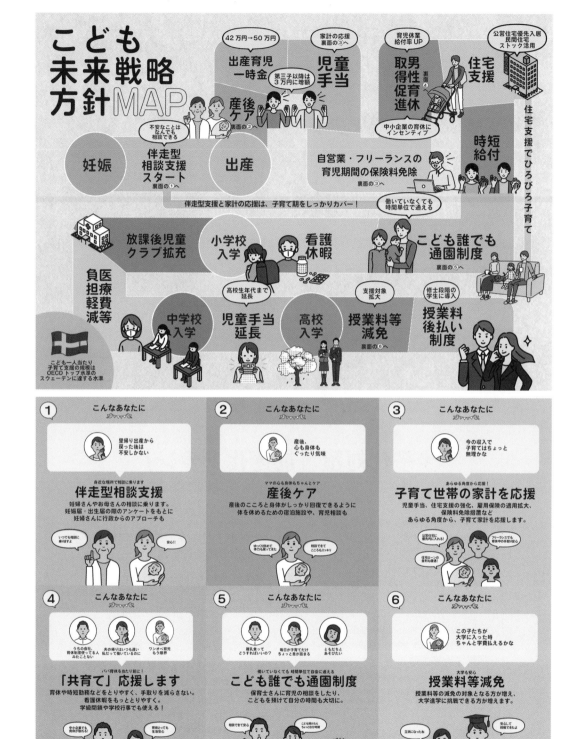

出典：こども未来戦略方針（こども家庭庁）
https://www.cfa.go.jp/resources/kodomo-mirai/

———— 著者 *profile* ————

特定社会保険労務士　**高山　和枝**（たかやま　かずえ）

スパローコンサルティング社労士事務所　所長

大学卒業後、民間企業に就職し調査部門に配属、調査を依頼する立場での経験を積む。
その経験を活かし転職、調査を依頼される立場（企業）にて長きにわたり調査業務に従事。
その過程で社労士という職業や労務コンサルという仕事を知り、サービスのパワーアップ
化（＝労務の視点をプラス）を図るべく社労士資格を取得。
社労士法人等の業務経験を経て、自ら事業主の立場となることで、これまでの労働者の立
場（視点）に加え、より広い視点でのコンサルが目指せるという思いで開業に至る。
事務所名は雀のように身近な存在でありたいというところから。

妊娠・出産・育休制度のサラッと実務

2024 年　1 月 31 日　初版

著　　　者　　高山　和枝

発　行　所　　株式会社労働新聞社
　　　　　　　〒173-0022　東京都板橋区仲町 29-9
　　　　　　　TEL：03-5926-6888（出版）　03-3956-3151（代表）
　　　　　　　FAX：03-5926-3180（出版）　03-3956-1611（代表）
　　　　　　　https://www.rodo.co.jp　　　　pub@rodo.co.jp

表　　　紙　　辻 聡
印　　　刷　　株式会社ビーワイエス

ISBN 978-4-89761-963-7